三民叢刊150

資訊爆炸的落塵

徐佳士著

三民書局印行

自序

徐佳士

把這群長短不一的作品集印在一個封面之下，是遵從三民書局劉董事長振強先生多年來的熱忱敦促。振強先生是一位不肯順從市場傾向的理想主義出版家，認為曾經受到足夠尊重已由重要報刊印出的文章，值得用較正式的形態集印成為較有恆久性的書籍。劉董事長似乎相信這是一個出版者的文化責任。

筆者在受青睞之餘開始整理可能值得再花費社會資源複製的拙作，組成一個文集。希望讓它有別於過去那些雜文集子《符號的陷阱》、《符號的遊戲》、《模糊的線》和《冷眼看媒體世界》，較為嚴肅和較有同質性。結果乃搜集了印在後面這些大致上是探研今天傳播與文化問題的論述。

所謂今天的傳播和文化問題，也只是從筆者比較熟悉的學術領域來看觀察而已，而有點僭越地，用文學方法為這文集安了「資訊爆炸的落塵」這個名字。

落塵本來是指核子爆炸所導致的令人憂慮的，甚至可怖的意外後果。核子在空中爆炸所產生的落塵給地球上生靈的威脅廣為人知，資訊爆炸為大部份人帶來的樂觀期盼則是遠遠多於疑慮。

從傳播媒體發展史的觀點來看，資訊爆炸——巨量製造和高速傳散——的過程，早在麥克魯漢(Marshall McLuhan)所說的「戈騰堡星雲」(*Gutenberg Galaxy*)形成活版印刷術盛行時就已開始了。當電子媒體出現、光纖問世、電腦誕生，通訊衛星升空時，這番爆炸乃接近高潮，它的落塵開始濃密密地散落人間，許多伴著資訊時代來到的傳播和文化問題（以及政治、經濟……等後果）紛紛湧現。

人類解決這類難題的必要性比解決核子爆炸落塵問題更為無可規避。因為反核運動可能有一天成功禁絕任何可怖的核子爆炸，但是世界上有什麼力量可以阻攔資訊科學與工程以及新媒體的進一步發展，而避免這種特殊形式的爆炸？落塵將繼續飄下。

所以這個落塵問題在傳播學術界應該受到關注。本文集的論題大半直接或間接與此有關。

一九九七年春於新店山居

資訊爆炸的落塵
——今日傳播與文化問題探討

目次

世界資訊新秩序的爭論

關於世界資訊新秩序的爭論，個人僅就平日閱讀與觀察所得，將主題分成五大部份來討論：一、爭論發生的背景，二、資訊新秩序爭論成為國際政治的新課題，三、西方舊秩序系統的答辯，四、雙方爭論的戰場，五、我們如何應付。

「資訊分配」造成問題

首先談背景問題：

二、三百年前，機器生產所帶來的「產業革命」，打破以人力生產、以人力運送物資的傳統，使得物資產量變得異常豐富，物資運送益加迅速，物資世界一時為之改觀，對國際政治與國民生計都有深遠的影響。因此某些歷史學家認為世界動亂至今未停，就是產業革命的結果。

因為產業革命使得世界各國的財富與資源的分配，愈見懸殊，形成國家勢力的強弱差異，於是所謂的強權國家展開一連串的帝國主義侵略行為，我國也是受害者之一。

本世紀中葉後期，西方世界又發生一次類似產業革命，發明新機器的新革命。這些新機器的發明也加速了產品的製造運送，但卻與產業革命時代的運送、分配、生產的產品不同，這些產品本身是摸不到、看不見，它必須透過其他工具表現才看得到、聽得見，我們通稱它們為「資訊」(information)。

資訊機器發明之後，資訊產品急劇增加，運送量又多又快。這些機器就是大家所熟悉的電腦、人造衛星及許多新的電訊設備。

資訊機器問世，也和產業革命一樣，造成「分配不均，流通不平衡」的現象。以前的國際政治局勢一直環繞物資資源分配與爭奪的問題，自從發明「資訊機器」以後，則又增加了「資訊分配」的問題，這也是今天討論的主題背景之一。

實際上，物資的生產和運送也要借助資訊，而資訊生產也借助於物資。換句話說：它們彼此之間有很多的「硬體」互相為用。

「硬體」乃是資訊工程師、科學家常用的名詞。生產資訊所用的「硬體」必須依賴舊有的工業做基礎，因此，以往佔有強大物資優勢的國家或地區，現在又增加了一項新的權力來源。因為它們今天在資訊生產方面，也像物質生產一般，超過「傳統工業」的落後國家。我們時常說，知識就是力量（權力），其實，知識就是資訊，誰握有資訊，誰就擁有知識技術，就有權力。

在過去的一段時間裏，許多政治力量薄弱的國家，紛紛起而呼籲建立新世界經濟秩序，其成功程度有多少，我們不得而知，但是我們可以預料各國在物資的分配方面，已漸趨平均。例如，有許多開發中國家已經能把剩餘的糧食及物資外銷至富裕國家。這些技術、工業發展落後的國家因為擁有自然資源，促使爭取經濟新秩序的口號聲音，趨漸微弱。

但是，當發生資訊新秩序的爭論時，許多自覺在世界資訊生產與分配佔下風的國家或地區，已風起雲湧地希望能於資訊資源方面，佔得一席之地，這是今天討論主題的背景之一。

多年以來，許多自認為本國資訊受到剝奪的國家（即第三世界國家），認為應該重新安排世界資訊，以設法消滅其國家對於資訊富裕國家的依賴。讓我們舉出這一觀念的兩位「發言人」的說法來透視這個問題：美國聖地牙哥加州大學教授席勒(Herbert Schiller)認為，世界資訊資源的分佈極不平均，他表示這不但是一種資訊的問題，它的影響力實與政治、經濟、外交力量密切有關。

席勒以美國為例，寫了一本《大眾傳播與美利堅帝國》的書（*Mass Communication and American Empire*)，他在書中把美國當成資訊帝國，把大眾傳播視為新的帝國主義。他認為「媒介帝國主義」並不是純指資訊資源，還配合著美國政治、國防的實際需要以從事擴張。

席勒說，鑑於美國政治、經濟和軍事的實際需要，所以發展出很多的相關資訊事業。例如：為政治、軍事和安全戰略目的而發展人造衛星，為「多國公司」便於控制市場情報，而發展電訊設備與電算機。

同時美國大眾傳播媒介具有相當高的商業性，美國傳播界的商業性不僅表現在其國內，就是輸往國外的資訊，也相當商業化。例如向世界各國輸出的電影、電視節目錄影帶、唱片，都是資訊商業化的表現。概括一句話，即是「媒介的帝國主義」。

席勒雖然言之鑿鑿，但是仍有些學者並不完全同意他的論調。例如另一位「發言人」英國的社會學者鄧斯託(Jeremy Tunstall)，此人不同意席勒「帝國主義」說法，曾經在他的一本書中提到：美國資訊向外銷售，是由於輸入的國家（亞洲、非洲和拉丁美洲國家）缺少自己的文化力量與自覺性，因此當資訊強國輸入資訊時，就會盲目接收。而且這些地區語言分歧，彼此無法交換資訊，因此當一種新工具足以用來打破語言隔閡及歧異時，更易為當地人士接受。

鄧斯託的第二個假設是：第三世界國家的文化屬於古老的統治階級文化，當這種文化已趨向衰老時，則新文化的輸入就會為大多數人接受。

第三個假設是：在資訊力量薄弱的國家，其文化內容較難以新的傳播媒介來表現。就是說，這些國家可能有自己的舞蹈、戲劇、文學，但是很難用廣播、電視等新發明的媒介來表現。所以時至今日，不易發揚光大。

第二次世界大戰之後，出現了許多新興國家，國際社會組織也隨之一變。在現有的國際組織中，有三分之二以上的新興國家，大半都是戰前帝國主義的殖民地，三分之一是古老、傳統、崇尚個人自由主義的國家，另外，就是共產國家了。

在這種國際政治情勢相互激盪的環境裏，許多受到「文化侵略」的國家，忠實的反應了他們民族主義的感受，希望建立資訊新秩序，呼籲之聲此起彼落，這個問題漸為國際政治舞臺所重視。

建立資訊新秩序的另一壓力來自共產集團。第三世界國家體制類似蘇俄極權專政，他們需要控制資訊，無法如英、美一般自由。因此，共產世界與第三世界兩股力量，在國際資訊爭論中站在一塊兒。

爭論的主題

爭論的主題有下面幾個：

一、就新聞流通而言：目前國際間的幾個大通訊社（路透社、合眾國際社、美聯社、法新社），幾乎霸佔了世界新聞流通的孔道。對於這點，第三世界國家極端不滿，因為這些通訊社對於第三世界通常是「報憂不報喜」。

二、就大眾文化而言：資訊發達的英、美國家，紛紛將他們的衣、食、住、行，娛樂等生活方式輸送至世界各地。許多國家為此抱怨，認為大眾媒介的資訊內容將摧毀各地的本土文化。

三、就技術轉移而言：資訊機器出現之後，工業技術落後的國家，需要求助於先進國家。表面上看來這些技術雖然不存價值判斷，意識型態與思想，但是往往因為技術移轉，使得許多技術落後的國家，更加依賴先進國家。而且西方的技術也不一定完全適合落後國家的需要。

四、就國家主權而言：美、蘇、歐洲等先進國家，利用精進的科學技術任意發射人造衛星、通訊衛星與偵察衛星，在衛星探視含蓋的地區，可以一目了然地觀察他國的一舉一動，使得這些地區的國家主權受到侵犯。

重建資訊新秩序

基於上述諸項論點，因此有人提出改變現有資訊秩序，重建資訊新秩序的構想：

一、設法減少對資訊富裕國家的依賴性，甚至不惜與之斷絕關係。

就新聞流通而言，各國莫不希望在第三世界成立聯合通訊社，不再依賴資訊大國通訊社的消息。這方面的工作，目前已有進展，例如在南斯拉夫成立的「不結盟國家聯合通訊社」和中美洲的「中美通訊社」。在亞洲有在印度成立「沙瑪查」通訊社，但表現不佳。

但是此種工作不見得十全十美，因為第三世界通訊社雖然為獨立或各自結盟，可是控制權則操縱在政府手中，新聞枯燥，類似政府公告，就是其本國的新聞媒介都很少採用。

二、設法在其國內設立「發展性新聞事業」，藉新聞事業協助國家發展，使新聞內容不受西方理論及原則影響。這些國家認為應該為「新聞」制訂新的定義和方向，以符合國家發展之要求。

三、創造參與性的傳播，發展橫式傳播，讓社會上各階層人士都有參與傳播媒介的平等機會，使人人都成為傳播者。因此主張發展地區性、小型的傳播媒介。

反對者的意見

西方世界主張維護資訊舊秩序的學者，對於重建資訊新秩序，也提出了一些批評。

他們說：呼籲重建資訊新秩序的壓力，多半只來自那些國家的政府及當權者而已，這些人士企圖將資訊抓在手裏，加強控制。他們否認西方社會對新聞流通的控制力，他們認為因為有了西方的國際新聞媒介，才使人對世局有明瞭真相的機會。再者，這些大通訊社，彼此之間也有競爭性，大通訊社並強調新聞自由。他們認為：假使按照新秩序的構想，即真正的新聞將會被歪曲，換句話說，這些學者認為重建資訊新秩序將會違反基本人權。但是他們也表示願意協助落後國家發展資訊設備——包括訓練人才、提供裝備。

今年五月，甚至有一群西方新聞從業人士在法國的 Talloires 開會，由「世界新聞自由委員會」主持，三百多位新聞工作者參加，並發表宣言對抗聯合國教科文組織(UNESCO)，聲言不受聯合國教科文組織議案約束，並重申新聞自由的原則。以上所言，無論理論或做法都是西方社會對重建資訊新秩序的反駁。

國際資訊爭論的主戰場

實際上，國際資訊爭論的主戰場就在UNESCO。UNESCO 以往一向負責推動新聞自由。聯合國憲章並將資訊自由交流視為人權之一。

聯大於一九四六年，通過「新聞自由宣言」，一九四八年並在日內瓦舉行「新聞自由會議」，那時尚被西方國家控制。但是自從許多新興國家加入該組織之後，重建資訊新秩序的力量反變為成優勢。第一次力量的轉變發生在一九六七年，當時制訂太空條約以保障太空的自由探測，但同時規定：當國家利益受到威脅時應與當事國商議。

一九七〇年 UNESCO 第十六屆大會，開始討論國際資訊新秩序的問題。一九七六年UNESCO於肯亞的奈羅比召開第十九屆大會時，蘇俄提議，應通過宣言，說明國家應該有權決定何種資訊可以流入或流出，要求讓國家有限制資訊流通的權力。

蘇俄的宣言至今雖未獲得大會承認，卻引發了更大的衝突，當時大會立即通過成立「傳播問題研究國際委員會」，由愛爾蘭前外長麥克布萊(Sean MacBride)主持。委員會經過兩年不斷討論研究，總算提出一份報告。

這一份報告主張任何國家均有權力訂定約束新聞記者行為的法規，有權保護記者（其實是限制）。此份報告一經公佈，正是對舊資訊秩序的當頭棒喝。美國經過一番努力，好不容易爭取到一些溫和派人士以孤立蘇俄。於是在一九八〇年的大會中，雖然通過蘇俄宣言，但卻將限制新聞流通的條文逐一刪除，再一次確認國際間應存有資訊流通的自由。這是美國在這場戰事中的勝利。

資訊新秩序的戰事，到此已告一段落，但是新的紛爭仍然繼續不斷。一九八〇年大會同時通過建議案，成立新機構「Intergovernmental Council of the International Programs for Development of Communication」，位於UNESCO之下，其中共有卅五個理事國，包括十三個非洲和阿拉伯國家，七個西方國家，六個美洲國家與六個亞洲國家，三個東方集團的國家。

換句話說，重建資訊新秩序的戰場，將移轉到較小的組織，相信往後將會舉行更多的討論會，以向美國或西方國家爭取更多的資源，甚至其他方面的利益。

我們的自處之道

面臨此種環境，我們應該如何應付呢？我們也是舊時的「資訊秩序」的受害者，我們已發覺自己的新聞不受到國際重視，國家形象常被歪曲。但是我們對於前途應該樂觀。

當前我們正朝向經濟大國發展，在這同時也必須注意發展成資訊大國，因為：

一、資訊是文化產品，我國本有悠久堅厚的文化基礎。

二、我國有堅固的經濟基礎，我國的工業已朝向精密性的資訊工業邁進。

為建立資訊大國，我們一方面應加強經濟建設，讓經濟升級，另方面應從新的角度加速文化建設——除加強固有傳統倫理、道德、文化之外，也應發展文學、藝術、戲劇與音樂，這些都是文化建設的基礎。

傳播教育者，在培植人才方面，可以在建立資訊大國的大業中，擔當大任。第三世界如印度、南斯拉夫、拉丁美洲、中南美洲雖然已經成立聯合通訊社，可是素質為何仍見低劣呢？何以仍未能發展自己的資訊事業？就是因為這些國家缺乏優秀的傳播人才所致。幸好我因目前已經有基礎深厚的傳播教育，只要我們在現有的基礎上多加努力，在發展資訊工業與加強基本文化建設齊頭並進的情況下，相信中華民國臺灣，也有可能將進入世界資訊大國之林。

本文為於中華民國大眾傳播教育協會演講稿，刊於民七十年九月《黃河》雜誌

新資訊秩序對大陸與臺灣的文化涵義

一、資訊時代來臨

在臺灣，關於資訊時代或資訊社會的談論，近幾年來，變得非常流行。在企業界、政界、甚至學術界，如果不為資訊時代的來臨，發出一點歡呼聲，就可能有落伍之憾。尤其自從美國副總統高爾於一九九三年提出國家資訊基礎建設(National Information Infrastructure, NII)的構想，而由柯林頓總統宣佈為國家政策，馬上引發好些國家提出類似的資訊建設大計以來，「資訊高速公路」一詞更是不脛而走。

高爾說，美國一九九二年從電訊事業與資訊部門所獲得的收入超過了七千億美元，NII則將每年增加這類收入三千億美元，並為傳播工業增加幾千幾萬個職位(Gore, 1993)。

這個訊息似乎鼓舞了太平洋這邊的科技主管。行政院政務委員夏漢民於一九九四年組成了一個NII推動小組，負責來興建這條「公路」，試行把臺灣帶入資訊社會。

政府人士也許是因為要使國家財富增加而對資訊社會的來到充滿期望。資訊社會令人嚮往的則不是經濟利益而已，更是因為形成資訊社會基礎的高效電腦與新的傳播科技已開啟了一次「傳播革命」，這場革命被認為將基本改變人類的傳播方式，有助於形成一個更加文明的社會。

例如羅素・紐曼(Russell Neuman, 1991)說，媒體突破了大眾傳播的老舊形態，因為它們具「可以相互聯繫性」(interconnectable)，擴展性、有彈性、價廉、迅速、多樣與深入等優點。這表示人們透過它們可以在更多的方式下輕易地從事傳播。傳出和受收的新聞與信息更為多樣。這對個人的助益超過對國家的助益。

馬惠寧（NII推動小組成員之一）更加具體而樂觀的羅列NII下的媒體有如下特性（馬惠寧，一九九五）：

> 站在研究大眾傳播的立場，我們認為「資訊高速公路」所帶來的最大震撼為新媒體的誕生。此媒體集合資訊、傳播、出版、通訊、電視於一體，但與之比較又有以下許多不同：

(1)由於它是由分散式網路所構成，網路上任一節點，均能與其它一點溝通。整個網路並沒有所謂中央控制(central control)。因此傳統上的大眾媒體法則，如報社、電視臺、廣播電臺擁有媒體的所有經營權，而控制媒體的情形，在網路上並不成立。以現在在全世界通行的 Internet 與WWW (World Wide Web) 為例，任何人只要「有話要說」，均可將自己的思想、觀念傳播出去。任何「志趣相投」的人也可以在網路上交換意見，毫不受「守門人」(gate keeper) 的影響。這種逐漸形成的新媒體，對社會、對既存媒體將帶來巨大影響，我們更可以預見今日媒體壟斷的情形將被改變。

(2)新媒體在表達型式(presentation)上，不被媒體特性所限制。傳統報紙、雜誌、媒體、新聞得以文字、圖像表達；廣播使用聲音；電視運用影像、聲音……。新媒體卻打破舊媒體的固定表達模式，可以多種方式呈現新聞，如「多媒體」中的文字、聲音、圖像、動畫、甚至虛擬環境(virtual reality)。新媒體更強而有力的是藉著電腦的「資料檢索能力」而能發揮資料檢索，提供背景資料……等「超媒體」(Hypermedia)的特殊服務。

(3)新媒體「提供互動式」溝通。閱聽人不再只是接受訊息的人。他們享有絕對的主控權，可以決定媒體收播時間、內容、主題。像是實驗中的「隨取視訊」(video on demand)，「互動式電視新聞」(interactive news/TV)。閱聽人更可以隨時反應其態度或決定。如「線上購物」(on-line shopping)。這種閱聽人的主控方式將會影響廣告至鉅。

我們可以肯定的說「新媒體」不但可改變現有傳統媒體生態，更帶動人類思考、工作，日常生活起居，以及人與人間關係的改變。真可稱之為自工業革命以來，影響人類最大的事件，而我們習用的資訊處理模式亦將有所更變。

總之，為新媒體，或資訊社會描繪遠景或者美夢的人士比比皆是。有人甚至認為媒體將不用紙張，不必用車輛運送，人可以在家中「上班」，所以，資訊社會將無污染與交通阻塞問題。再者，一般人工作時數減少，將有更多時間從事藝文活動和創作。

任何科技的進展，可能為人類帶來幸福，也可能為人類帶來災難。核子能是一個例子。核子能的禍福十分明顯，所以，人們對於怎樣防止它製造災難有高度的警覺，而且在採嚴密的預防措施。同樣為科技進展成果的新媒體，似乎比較幸運，贏得的讚譽遠多過於引起的警惕，雖然它也可能為害人類社會，或者它在「造福」某一個社會時可能傷害另一個社會。新媒體發展下所形成的資訊秩序，是可能像那些樂觀論者所言，會帶來一個比麥克魯漢所想像的「地球村」更加明確而具體的美好世界，或為世界的某一部份，某一階層的人，帶來更多的權力和財富。但是，假使未來將有一個「地球村」的話，中國人會變成村民嗎？或者新媒體改變人的資訊運用方式後，能為兩岸的中國人來作有效的服務，而有利於文化的演進嗎？甚至，對於西方或任何後工業社會，新媒體必然應該接受歡迎而無需心懷疑慮嗎？

事實上新媒體形成的資訊新秩序所引起的疑慮跟它所誘發的美夢是一般的繁多。例如：

二、疑慮之一：新型帝國主義的威脅

帝國主義是一個陳舊的名稱，是指資本主義國家對弱小國家的經濟侵蝕和剝奪。當資本主義國家的擴張從物質領域轉進到非物質或文化領域時，帝國主義增加了一個新的涵義。帝國主義在這個新領域主要的工具是大眾傳播媒體。傳播帝國主義或媒體帝國主義或文化帝國主義的指控早在一九八〇年代就已在國際間引發了大風浪。（對這論題有廣泛討論的中文著作是李金銓的《傳播帝國主義》，一九八七，臺北：久大。）

早在半個世紀前就已出現的美、英等國大眾媒體的影響遍及全球的現實，是否因為新媒體，或者資訊超級高速公路的出現，而被扭轉過來？資訊落後國家的人民有機緣住進資訊社會的世界村（假使會有這個村落的話）嗎？除了科技界人士外，很少人給了肯定的回答。相反地，科技為跨國的媒體巨霸提供比舊的傳播工具更犀利的方法，使人在這方面產生更深的疑慮。

在臺灣執政人士大力鼓吹NII和積極宣揚引進外資建立亞太媒體中心之際，也有一些異見出現在報紙之上。最近的例子是有人指控「文化帝國主義將如蝗蟲過境」。他說：

> 邁向二十一世紀新時代的臺灣，儘管各種政治議題紛擾不斷，但是在文化領域，卻呈現了眾聲喧嘩的蓬勃活力。本土文化運動的昂揚之外，後現代主義、解構主義，女性主義等各種新興的語言，也各擅勝場，吸引人們的目光，一時之間，令人頗對臺灣的文化前景，感到似乎希望無窮。
>
> 然而，在樂觀的表象背後，臺灣的文化發展也正面臨兩股國際潮流的共同衝擊。跨國性文化工業大舉來臺開拓新市場，以精美怡人的行銷策略，將臺灣納入國際文化工業的帝國之中，麥可傑克森神話與布魯斯威利傳奇風靡全臺，正代表著文化「全球化」(globalization)的浪潮已襲捲臺灣。另一股新興的文化潮流——「全球地域主義」(globalism)，也正以更為精緻的「本土化改裝」與「國際符號化」手法，一方面使跨

國文化商品具有臺灣本土的風味，另一方面卻又使臺灣的文化特色成為飄浮在國際間的空洞符號。

「文化全球化」的傾向，在強勢媒體的強力滲透下，侵蝕著地方民眾對社區的認同感，而臺灣在衛星電視與有線電視的緊密結合下，更逼使本土化運動力量遭到抵消，……。至於「全球地域主義」，同樣也將臺灣的獨特景緻，化約成吸引外國人注意的「異國風光」，……臺灣雖然已逐漸成為東南亞華語市場的生產來源中心，但是臺灣生產的作品內涵卻日益失去臺灣的特色（李健鴻，一九九五）。

大陸自從開放改革以來，某種程度文化保護主義措施仍然存在，上述的兩股潮流，似乎並不像在臺灣那般顯著。跨國強勢媒體，今日主要是透過通訊衛星和有線電視（在臺灣家庭滲透率為70%以上）而實現的。譬如今天可以直接進入一般家庭電視螢幕的美國節目就有CNN、Discovery、TNTC Cartoon Network、MTV、HBO、ESPN和Disney等。

這是在比較傳統的媒體運作下的文化滲透現象，在電腦加入其中的新資訊媒體方面，文化景觀如何，還不十分明顯。基本事實是：臺灣還沒有進入這條高速公路。Internet、WWW等，遠在一般民眾生活圈子之外，即使已裝設的個人電腦也只有1,601,000臺左右，號稱已接上網路的有四成，實際卻很少（黃志全，一九九五）。使用者多半是學術界、企業界、和「電腦玩家」。相信大陸這方面的情況，跟這類似。

假使科技界藉光纖、通訊衛星、和電腦……等組件和各種軟體所建造的資訊社會變成了現實的話，人間情況會像很多人所描述的那般圓滿嗎？人是否會一一就位，進入那個系統中嗎？這是另一個疑慮來源。

三、疑慮之二：社會支離破碎

這個令人心驚膽跳的疑慮來自美國傳播學者傅特納(Robert S. Fortner)。他說，在資訊社會中不同的人群會被隔絕。隔絕一語他用的是 excommunication（被教會開除）。這似乎表示溝通無法暢順，關卡重重。隔絕使人的尊嚴完全喪失，人被關入監牢即是在隔絕中尊嚴喪失，而受到懲罰。

傅特納指出資訊社會的「隔絕」不是由部落首長、教會、或司法當局所實施的。資訊社會的隔絕出於三種形式：過份(excess)、經濟、和選擇三者都會帶來對個人傳播的剝奪。他把這三種形式的剝奪分別叫做：超量性隔絕(pleonastic excommunication)、阻礙性隔絕

(impedient excommunication) 和苦行式隔絕 (ascetic excommunication)(Fortner, 1995)。

超量性隔絕是這樣發生的：由於資訊媒體眾多，而且每一通道的資訊數量巨大，個人時間有限，沒有可能逐一接收，有線電視的眾多已經使無線電視網的觀眾大減。

資訊高速公路的資訊大爆炸，將把原已分割的閱聽人進一步分裂，不只變成被動的接受者，而且變成一群群經由零碎管道來作「物以類聚」式的互動，而遠離跟他們不同的社會成員。資訊社會雖然容許不同族群與不同聲音的人攀登媒體，在被超量性隔絕的眾人中，不會受到所預期的注意。文化融合是紙上談兵。

阻礙性的隔絕是經濟因素所促成。資訊高速公路的投資在美國是出自民間，使用的費率一定根據成本加利潤來計算，進入公路的人，還得要有設備，這包括硬體和軟體。許多人將被隔絕於公路之外。而且好些資訊可從圖書館或政府機構免費或廉價取得，不必裝設電腦接上網路每月付費。「美國聯邦法令」印刷本每年訂費為四百美元，電子版本則為每年21,750美元。臺北中國時報一份十元臺幣，到處買得到，如果在時報報系全球資訊網上索閱，付費之外，還要通過好幾道關卡（傅尚義，一九九五）。

苦行式隔絕是因自我選擇而與資訊社會隔離。有人不願進入資訊高速公路是因為除了必需付出代價外，還因為使用不方便和缺乏親密感而「選擇不進入」。他們抑禁傳播的慾望，就是不要被吸引入那個黑洞，那個貪求無厭的「隨時候駕提供互動服務因科技需要而不斷投資」的黑洞。

傅特納並且將湯尼斯(F. Tonnies)兩型社會的理論——Gemeinschaft 和Gesellschaft ——加以延伸，把資訊社會與之並列，稱之為「細胞型社會」(cellular society)。三者的分別如下圖：

1. Gemeinschaft

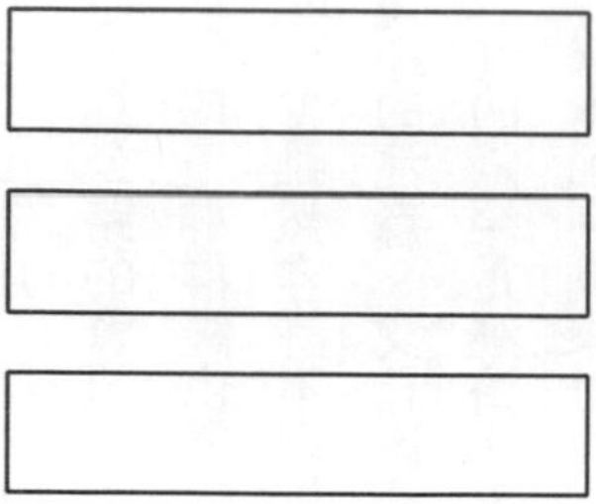

特點：橫式的階級結構，階級之間有衝突。

2. Gesellschaft

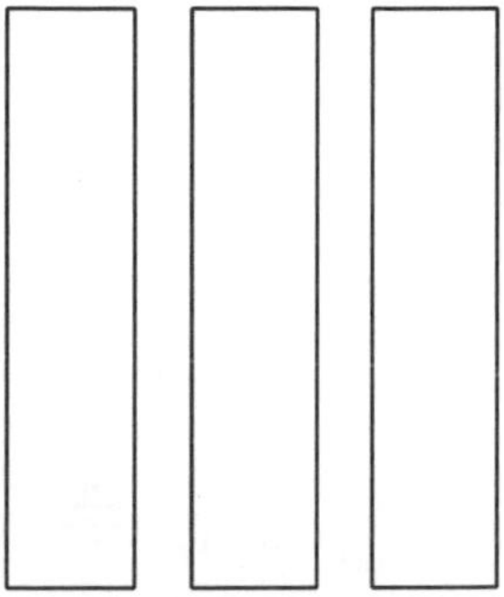

特點：垂直式的利益（興趣）集團結構，鄰區之間有衝突。

3. 資訊社會——細胞型結構

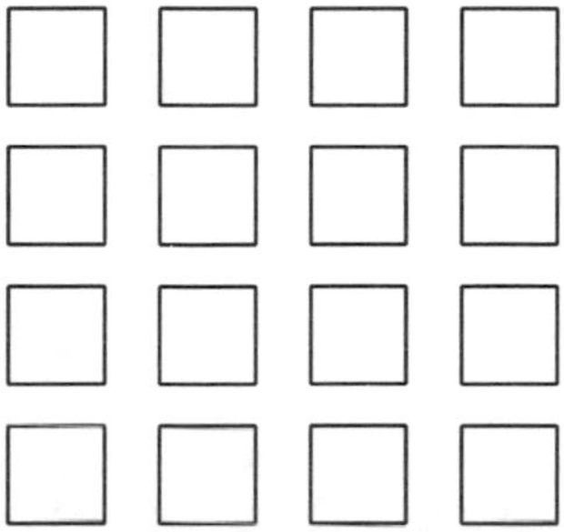

特點：橫式區隔是根據經濟與科技能力。
直式區隔根據利益（興趣）與科技使用。

傳特納說，在資訊社會中，人們都是藏身於小小的細胞中，但在經濟情況允許下，你可從某一細胞移往另一細胞，這種轉移可能是從一個利益集團轉到另一利益集團，可能是在經濟階層之間轉換。另外，在一個人參加某一細胞時，必須自某種傳播型態轉移至另一傳播型態，這更加使得細胞間的隔離變得很明確。有些細胞的傳播型態是屬於透過電腦的互動傳播的較高級的型態，有些細胞透過衛星或光纖的互動，有些則經由非互動的同軸電纜或無線電頻率。從某一細胞跳往另一細胞就需具有相關的傳播科技知識，包括硬體、軟體和溝通規矩，以及使用這些科技的經濟能力和所需的時間。前述的三種「隔絕」（超量、阻礙、與苦行）就是資訊社會縱橫分隔形成的原因。當細胞之間鮮有傳播或溝通時，文化就必然貧乏。

四、疑慮之三：造福第三世界？

傳播與國家發展之間的關係曾經是一個學術探究的熱門領域。第三世界國家對傳播媒體更一度寄以厚望，事實上大眾媒體在喚醒國家意識，甚至誘發政治參與等方面在不同國家，有程度不同的間接或直接的影響。這兒所指的傳播媒體當然是比較傳統的印刷與電子媒體、無線廣播與電視。

新的資訊機器對第三世界的發展又有何涵義？

(1)在第三世界或新興國家，資訊化的程度與經濟成長的相關性落在高收入國家之後。汪琪等人發現傳統的電子媒體在第三世界國家中與經濟成長的相關，高過已開發的國家，但是電腦和數據終端機的普及率與經濟成長的相關性，在收入較低國家中則遠遜於高收入國家(汪琪與Dordick，一九九五)。

(2)資訊化的程度，在第三世界內的地區差異和城鄉差異都十分懸殊。這兒沒有統計數字來確認電腦與數據終端機普及率在第三世界國家中不同地區和城市鄉村之間的差異，但據觀察，這個現象似乎是存在的。在臺灣北部的普及率高於東部與南部，城市高於鄉村是很明顯的。在大陸，相信由於幅員廣大，各地基本開發程度不一，地區差異性可能比臺灣更高，城鄉之間的各種媒體（包括新媒體）滲透率可能亦大異。

(3)媒體使用者追求逸樂甚於追求知識與資訊。從全球觀來看，資訊工業近年來似乎針對一般人好逸惡勞的本性，於發展以硬性資訊為主的機器之餘，大舉開拓娛樂市場，發展互動多變的所謂「電腦多媒體」（如CD ROM之類），受到廣大消費者的歡迎，這類產品在第三世界國家的推廣努力，似乎勝過主流的資訊處理設備。這一趨勢並助長了前文所論及的跨國性文化全球化的浪潮。

(4)在臺灣電腦與其他新的資訊機器的使用者，企業界多過於學術界以外的其他行業；新的電子媒體若非受全球化的影響，其擁有權多半已落入大財團之手。在臺灣一般民眾的「媒體享用權」(access to the media) 並不因媒體數量的大增而有所改進，相反地仍在遭受削弱。傳統的、本土的、嚴肅的、和非流行的藝術，仍然攀不上媒體的邊緣，而無法順利發展。

今日「藝者無其媒體」的嚴重性跟昔日「耕者無其田」的情形毫無二致。

五、因應之道

上述三大類的疑慮固然可以認為有全球性的涵義，但是對於正在為建立資訊社會而努力的海峽兩岸，似乎很有參考價值。尤其兩岸的中國儘管政經制度有些差距，但文化的相同性很高，而且在全世界不同文化競爭的態勢下，所面臨的挑戰，特別是與文化密切有關的資訊「革命」的挑戰，則是一樣的。我們（咱們）應該怎樣迎接這個挑戰呢？

(1)對於跨國性全球化的文化滲透，兩岸固有的中華文化基礎，與許多其他第三世界相較，是相當堅厚，應該有抵制的潛力。這種文化潛力蘊藏在固有的文學、藝術、哲學、和歷史之中。這些人文遺產是文化事業的基礎(infrastructure)，與電力、交通、和港口等在物質建設中的地位相同。文化事業的發展如果把重點放在營造影視行業這些上層建築上，就是捨本逐末，有被外來強勢力量從根顛覆之虞。所以把今日兩岸偏廢的人文與基礎藝術教育的作法翻改過來，才是鞏固文化抵抗「侵略」的要務。

(2)今日在海峽兩岸，視聽媒體已取代舞臺與鄉村廣場，成為民眾接觸各類表演藝術的主要管道。我國京戲，地方戲曲和其他傳統才藝表演，都是在戲臺或「野臺」上發展成熟的，不適宜在媒體上面表現，它們逐漸沒落（在臺灣情況很嚴重），就是因為無法適應今日媒體的製作。所以，讓傳統表演藝術與現代媒體「結婚」是挽救並進一步發展它們的唯一途徑。在臺灣，歌仔戲改革後搬上電視，似乎救住了這項民間藝術，而且使它有了新的生命，是個很好的例子。

(3)解決資訊社會「隔絕」問題。也許海峽兩岸還沒有出現前文所述的「細胞型社會」，但在那類社會的三類「隔絕」中來自經濟性剝奪的「阻礙型隔絕」則普遍存在。這就是：許多人由於經濟原因無法進入資訊化的世界。打破這種隔絕，必須經由的途徑是繼續經濟發展，而且讓發展成果，比較均勻地由民眾來分享。

(4)有人被隔絕於資訊社會之外的因素，除了傅特納所列述的三種之外，對於我國而言，另有第四因素，這就是缺乏使用資訊設備的能力，可以俗稱為「電腦文盲」。大陸方面在掃除文盲方面已作了很大努力，今天，又必須作更多努力來掃除這一類的新文盲了。換言之，電腦教育在學校內外展開也變得十分必要了。

(5)傳特納對資訊社會的描述，聽來似乎人類可能要面臨一個惡夢。這個可怕的經驗似乎距我們還很遙遠，應該仍有時間來從事防範。防範的大原則，是設計一個方法，去讓縱橫區隔的所有「細胞」有一個管道相通。經過這個管道的溝通，所有的「細胞」彼此間可以建立「鄉誼」。能充當這種管道的是一個全國性的公共傳播系統，以公共電視為佳。這是一個獨立於政治及商業直接影響之外的體系，開放給全社會大大小小，不同性質族群來享用，對各「細胞」將有吸引力。目前臺灣為建立這個系統已陷入在重重挫折中。大陸條件較好，如果由政府主導，成功機會可能較高，因為公共傳播體系恰好是一個頗有社會主義色彩的設計。臺北市政府正在把它所擁有的臺北電臺（廣播臺）請專家策劃，改為一個公共電臺。由政府主導建立公共傳播系統，實驗性很高，臺北市的成敗可供參考。

(6)在資訊社會中中華文化的保護與發展是一值得加以有系統地研究的問題，兩岸學者可以在這件工作上展開合作，充份運用兩岸的學術資源進行這個重大工程。

總之，在世界進入資訊時代之際，每一地區的文化都不可能逃避這個巨大變異的衝擊。科技專家對資訊時代遠景的描述是十分樂觀的。在過去，每一傳播新工具出現都曾引發一些美夢，認為能用來解決傳播或文化上的難題，結果時常是創造的問題比解決的問題來得更多。今日世界最強勢的政府——華盛頓當局——史無前例地自己出面為所謂資訊超級高速公路大事推展，難道這表示人類終於已經尋找到一條一勞永逸解決人類社會溝通困難的捷徑了嗎？全世界都在審視之中。大家在審視之餘，可能還得採取一些行動，預防人類精神方面的任何權益受到直接或間接的剝奪。

北京大學哲學系及費希平基金會合辦：「變遷與調適：觀念與行為的省察學術研討會」論文之一，一九九五年十月十三日於北京

參考書目

汪琪、Dordick, H. S. (1995)。《尋找資訊社會》，臺北：三民，頁一三八。

李健鴻（一九九五年八月十一日）。〈文化帝國主義如蝗蟲過境〉，臺北《自由時報》，版二九。

馬惠寧（一九九五）。《傳播新科技——NII 之應用與問題》，大眾傳播教育及實務專業研討會論文，臺北：大眾傳播教育協會。

黃志全（一九九五年八月一日）。〈撒資訊的網〉，臺北《中國時報》，版三四。

傅尚義（一九九五年九月十三日）。〈克服資訊普及阻礙〉，臺北《中國時報》，版一一。

Gore, A. (1993, December 21). Remarks at the National Press Club, Washington, D.C.

Fortner, R. S. (1995, June). "Excommunication in the Information Society," *Critical Studies in Mass Communication*, Vol. 12, No. 1, pp. 137–150.

Neuman, R. (1991). *The Future of the Mass Audience*, Cambridge U. Press.

資訊時代的文化適應

一、資訊時代的特性

很多人士認為今天的臺灣正處於一個「轉型期」中，這個名詞通常似乎是指政治經濟變革中的轉化階段，或者進一步意指較深廣的社會變遷中，從傳統進入現代的過渡期。

一個國家的政治、經濟或社會的改變可能影響其國人的文化生活應無疑義。但是，在諸種人類活動的演進中，更直接影響文化的，很可能是人類在資訊的生產、加工、儲存和運輸諸種方式上的演變。因為每一個個人就是一個資訊系統，人藉其官能機構，經由資訊的取得和資訊的衍生，以適應遠近的環境，並且試行使遠近環境來適應他自己。只有人類獨具這一類型的資訊活動，這也許就是文化。因此，本文討論文化的調適，不欲從政治、經濟或社會變遷的觀點來處理，而選擇以人類資訊活動的演變所產生的新情境，來檢視適應問題。

這個新情境，人們時常以「資訊社會」或「資訊時代」一詞來描繪，意指這個社會或時代的特徵是因資訊方面起了突然的變化，而大異於較早的社會或時代。我們的基本假定是：這個大差異，由於出現得太快，而直接引起了適應困難的問題。

資訊時代大異於較早時代的特性，更詳細描繪之即是：人類開始使用「高效率」(包括速度與容量)的機器來生產資訊、加工資訊、儲藏和檢索資訊，以及分配和輸送資訊。在這以前，人類曾成功地將高效率的機器用在製造和運送物質產品方面，這項成就帶來了歷史上的工業時代，而被許多人士稱為產業革命。資訊時代有時被稱為「後工業時代」，實際上，它是一次新的革命——資訊革命——所促成，所以資訊時代這個名詞輕易地為更多的人所接受，而不用「後工業」一詞。

蒸氣機把人類從農業時代推入工業時代；電信、電腦和人造衛星等「機器」則把人類從工業時代推入資訊時代。資訊時代大異於工業時代，正如後者之大異於以農業為主的歷史階段。

資訊時代的特性，是由於「資訊機器」的出現而形成的。宣韋伯(Wilbur Schramm)的歸納，提供了一個明確的輪廓，他列出了資訊社會的三個特點：

1. 勞動力分配方面，全國總勞動力有較大的比例用於資訊的製造、收集與分配。

2. 投資型態方面，國民生產毛額中有較大的比例被用於資訊業。

3. 資訊流通型態方面，速度更高，數量更多。

他並且說，在這些特點下，資訊社會還顯露出下面五個動向：

1. 資訊量大增，造成嚴重的資訊過剩問題，而必須設法以更多處理與組織的新方法來應付。

2. 遠地來的資訊量比例增大。

3. 資訊傳遞速度大增，在很多情形下，大眾取得消息的速度幾與領導階級相同。

4. 資訊可傳達任何地方，這使學習機會大增。

5. 資訊的控制、取得、處理、儲存、檢索與播散，與經濟及軍事資源相同，亦變成國家的重要資源。❶

以這些「標準」來看臺灣，資訊時代是否已經降臨斯島？這個問題很難用是或否來回答。因為社會的「資訊化」是一個過程，中華民國正處於此過程中，而尚未擁有屬於資訊社會的身份象徵——通訊衛星。臺灣目前也還不是一個「用線聯起來的社會」(a wired society)。但無論如何，資訊化的速度則十分迅速。

---

❶ Wilbur Schramm, *The Coming Age of Communication* (H.K.: Chinese University of Hong Kong, 1977).

臺灣急劇「資訊化」的主因之一是由於它是一個靠國際貿易而生存的社會，這樣一個社會必須向世界開放。北美、日本和西歐的資訊化浪潮必然侵襲斯土。資訊科技並不認識國界，時機來到時，任何人為的努力都難阻拒。

另外，由於工業發達，一個新的資訊環境實際上也已在臺灣出現，這固然是在文化建設機構或團體都未參與之下，推行經濟建設的成果，其文化涵義則是無法漠視的。尤其若檢視資訊化的另一層面——傳播媒介的演變與新媒介的出現，更可看見資訊社會中一個十分突出的外貌。假使產業與勞動力組成的改變是屬於資訊社會的基層結構(infrastructure)的話，則新出現的傳播媒介就是資訊社會的上層現象。

二、臺灣「資訊化」檢討

以資訊工業的進展程度以及勞動人口結構的型態為基準，也許可以認定中華民國已經達到相當程度的「資訊化」。但是對於臺灣民眾而言，資訊化的腳步似乎太迅速，科技性的設施所能供應的資訊上的便利，民眾並不能充分地作主動而積極的使用。

譬如當交通部數據通信所於民國七十四年十月開始設置並推廣電傳視訊服務後，一項於此後三年期間所作的研究顯示：無論企業及其他組織或個人，在這期間使用此服務或使用後的滿意程度，均無顯著增加❷。同一群研究人員，在較早的一次研究中，也發現電傳視訊於引入之初，一般個人反應相當冷淡，比較受到重視的服務項目只是證券行情而已❸。據他們分析，主要原因有四：

1. 消費者缺乏對這一新媒介的足夠認識，這可能是沒有進行有效促銷活動的結果。
2. 一般民眾對於資訊的需求並未強烈到必須尋覓新媒介的境地。
3. 費用過高。在試用階段，除裝機保證金外，租金每月為新臺幣一四〇〇元，接機費三三〇元，基本費一二〇元，另外，付給資訊提供者的資訊費及計電話費內通信費每月至少為二千元，對於一般人而言，可謂所費不貲。
4. 試用初期電傳視訊僅能和IBM 或Apple 個人電腦相結合，此一技術限制影響了行銷潛力。

❷ 徐佳士、曠湘霞、汪琪，《電傳視訊將在臺灣的發展潛能及其社會意涵》，國科會專題研究報告（臺北：民國七十七年十二月）。

❸ 徐佳士、曠湘霞、汪琪，《電傳視訊在臺灣的發展潛能》，交通部數據通信所專題研究報告（臺北：民國七十四年六月）。

行政院文化建設委員會與中國大陸問題研究中心在交通部數據通信所的技術協助下，於民國七十七年十二月二十五日創設一種叫做「電腦日報」的電讀資訊服務，每日自中午開始將十二至十五則大陸新聞和一千字左右的國內藝文活動消息傳送到各地文化中心的終端機上，以供民眾檢索。《民生報》於兩週後報導說，前來各地文化中心閱讀這家「日報」的人數甚少❹。

前述對電傳視訊和「電腦日報」近況的簡單描述，當然不足以說明臺灣地區整體性的「資訊化」狀況。而最近沈清松等規模較大的研究，則相當廣泛的展露了今日臺灣居民的資訊化景象。他們在一次全省性的抽樣（七五八人）調查中，探討了城市與鄉村居民「資訊化」課題在心理與行為面向上的特質。具體而言，他們探究的項目為：

1. 認知：受訪者對於新興傳播科技的了解、使用狀況與對資訊化觀念的接受程度。
2. 行為：受訪者接觸大眾傳播媒介與尋求資訊的情形。
3. 表現：受訪者參與或觀賞藝術創作的頻率，對於新興藝術表現方式的熟悉程度與休閒活動在近年來的增加或減少。
4. 以上各變項之間，及其與人口特質及價值觀的相互關係。

---

❹《民生報》，民國七十八年一月十一日，版一四。

這項研究的發現如下：

雖然不同的人口變項在不同的項目下，展現了不同程度的相關。大體而言，教育程度高、年紀輕、居住地為都市、職業屬於專業性質、出過國而單身的男性，是在各方面資訊化程度都比較高的一群受訪者。在價值觀方面，他們較注重發展性價值，如社會地位、自由、知識、效率等將來會變得更為重要，而相對地傳統道德及賺錢會更不重要。在態度方面，他們對於專業知識，資訊工具的使用以及其他國家在資訊、經貿方面交往所帶來的結果，均持較為正面的看法。認知方面，他們所聽說過，及接觸過的新媒介與電子藝術比較多，相對的使用傳播媒介、尋找資訊與欣賞、參與藝文活動的頻率也比較高。而在各個人口變項上，又以教育的影響力最為突出，幾乎貫穿所有變項。另方面，性別在態度及價值觀方面，所造成的差異較不明顯。

另外一個值得注意的方向，是人口變項與其他變項間的關係固然密切，價值、態度、認知與表現彼此之間的關聯性，也相當穩定。例如傾向發展性價值的受訪者，通常使用媒介、參與藝文活動的頻率較高，對於新媒介及電子藝術認知程度高，對於專業知識、使用資訊工具及國際化的態度也趨於肯定；反之亦然。

以上的發現，大體上肯定了一點，此即個人的文化體系，是由互相依存的次系統所組合而成，而這些次系統之間，又遵循一定的邏輯關係運作。

各個變項的關係之外，抽樣調查所顯現的第二項重要發現，是受訪者在價值、認知、態度、行為及表現五個面向上所展現的特色，傾向於保守，也即資訊化的程度還不算高。……受訪者在對新媒介的認知，資訊化的態度及尋求資訊行為方面的表現，與其在價值上所顯現的特質相互呼應。受訪者最注重的兩個項目是家庭平安與國家安全；這兩個項目不但遙遙領先其他，並且都屬於安定性，而非發展性質的價值。另方面，受訪者認為最不重要的項目是「死後得救」以及「刺激與充滿活力的生活」，則顯示出對於超現實的生活與突破現狀的興趣低落。[5]

上述研究給人一個概略的印象：大多數的受訪者經常接觸大眾傳播媒介，但是並沒有養成積極尋求與運用資訊的習慣；他們不否定專業知識與資訊工具的重要性，但是肯定之中並非沒有保留；他們對於新興的資訊傳播媒介所知不多，也不認為與自己的生活會產生密切的關係；他們關心家庭、國家的安寧，卻不注重開創與發展。值得注意的雖然是教育程度對以上的趨勢，有相當大的影響力；教育程度高，年紀輕、有專業職業、出過國的受訪者，在各

---

5 沈清松、汪琪、鍾蔚文，《臺灣地區資訊化歷程與文化變遷互動之研究》，國科會專題研究報告（臺北：民國七十八年一月）。

個方面的表現，都較為積極，但是具備這些特質的人，仍然是少數。

三、資訊化對文化的衝擊

前述研究的發現似乎只是說明了資訊時代正來臨之時，臺灣地區居民對資訊硬體的接納——包括認知、態度與行為三方面——的程度。這些發現大致符合過去有關「現代化」研究的結果，顯示人口中教育程度與社經地位較高者，乃屬較具創新性或較為脫離傳統的一群。這些發現並未能顯示臺灣地區新的資訊環境中的文化景觀。

探究臨近資訊時代我國文化現象的實徵研究並不多見。汪琪對流行音樂的研究，雖然規模很小，但大概可以顯示今日臺灣的文化產品在全球的資訊時代中，受到怎樣的一種衝擊❻。

汪琪在一九八五年在臺北地區對三十六名音樂家作了一次訪問，探詢他相信自己的音樂品味最受到何人影響，十六人沒有回答，其餘十八人之中，十六人提到三個本國音樂家，三人提到美國和英國音樂家。至於在親身熟知的音樂家之外，最影響他們創作的音樂家為誰，

❻ Georgette Wang, "Popular Music in Taiwan," *Critical Study in Mass Communication*, Vol. 3, No.3(September, 1986).

回答問題的二十九人中有十八人(62%)提到西方人士，八人(23%)提到享譽東南亞的臺灣樂界人士。全部被提到的人士中，美籍最多，共十一人，華籍九人，英籍四人。西方流行音樂產品的直接輸入也很可觀。汪琪引述「中華民國唱片工業同業工會」數字如下：經常自西方輸入並在國內生產西方音樂唱片的公司共有四家。其中最大一家與美國哥倫比亞公司有合約關係，每年引入專輯唱片二百種，四家公司每年大約產製西方流行音樂專輯唱片共四百種。各專輯的銷售量則無統計。

外來影響出現於比流行音樂更接近資訊社會的媒介中，此情形可在「第四頻道」中明顯看出來。第四頻道是一種簡陋的有線電視播放系統，它們在今日臺灣合法的三個電視臺頻道外，為觀眾提供了第四個接觸電視娛樂與資訊的途徑。汪琪的研究顯示[7]：當時（民國七十二年）全地區估計共有三百臺左右，各臺訂戶數目自數百至一萬不等，訂戶總數可能達到十五萬至三十萬。

同一研究中，分析了中和市兩家「第四頻道」的節目（因第四頻道為非法，無法從事比較普遍的資料調查），發現日本節目所佔比例最高，分別達到全部節目的46.20%與68.63%，歐美節目次之，分別為26.90%與25.24%。臺灣節目所佔比例甚低，這也顯示資訊強勢國家對

[7] 汪琪，《第四頻道的過去、現在與未來》，國科會專題研究報告（臺北：民國七十三年十月）。

本國的某種形式的文化激盪。

自一九八八年夏季漢城世界奧運會舉行時開始，臺灣民眾為了收看較多的奧運節目，裝設碟形天線收看日本NHK兩個直播衛星(DBS)頻道（十一與十五）的家庭突然大增。這一發展，可能進一步加強日本文化產品在臺灣的滲透。在政府於十一月宣布解除禁令之前，「小耳朵」的裝設乃屬非法，故無從得知裝設戶的確切數目，一般估計為十萬左右。解禁後，不僅無犯法之虞，且裝設成本降低，當然更足以鼓勵這一新傳播媒體之擴展。今日已有報紙每日刊載日本兩個DBS頻道的節目表，一本叫做《衛星電視》的月刊於民國七十七年九月創刊，主要內容就是NHK的電視節目和人物介紹，大部份的文章似乎都是譯自日本的同類刊物。《衛星電視》紙張和印刷都屬上乘，已經出刊五期，每冊售新臺幣九十九元，發行網龐大，出現於大部份書報攤，這似乎顯示了NHK衛星直播電視在臺灣的滲透程度。

另一勢力強大的新型舶來文化通道是錄放影機，它跟錄影節目帶相結合，一方面構成對今日電視業的一種競爭挑戰，另一方面也使舶來文化多有一種直接達於一般人家庭的管道。據非官方的統計，在臺灣地區，有大約半數有電視的家庭擁有錄放影機。錄影帶租售則多達六、七千家，盜錄情況甚為猖獗。在影帶市場，「西片、日片及港片更是領盡風騷」❽。在

❽ 汪琪、鍾蔚文，《第二代媒介：傳播革命之後》（臺北：東華，民國七十七年九月）。

此情況下，政府對本國電視規定「自製律」，以圖作「文化保護」的努力，就很少意義了。

在我國，與錄放影技術直接有關的另一個與文化（以及治安、教育等）有關的問題乃是MTV視聽中心的出現。此處所謂MTV與音樂無關，MTV中心並非為播放音樂錄影帶而設置，而是屬於「錄影節目發行業經營播映業務」（行政院新聞局的定義）。賴國洲在一項研究中估計，全省各地在民國七十七年中期，MTV視聽中心在六百家左右，經營方式有下列四種：

> 第一種是在餐廳或咖啡店裡，放置大螢幕電視機或投影機，由店方主機控制播放錄影帶或影碟，大家一起欣賞，既無隔間設備，顧客也沒有選片的自由。……
>
> 第二種除共同觀賞的大螢幕外，另在其他角落，放置多部分機，顧客可任選角度觀賞。
>
> 第三種是在同一場所內，既有大家一起觀賞的螢幕和大廳，另外還設置一些小房間（小隔間），提供其他影片的節目單供顧客自選，再到小房間觀賞。播放機由店方控制，或由顧客自行操作。
>
> 第四種是在大門入口處陳列各式各樣的錄影節目帶，供顧客自己選片，交由店方播放；每一小房間都放置一套放映機具（一部播放影機、一臺廿吋以上的彩視機）。

目前存在的MTV視聽中心多屬第四種型態，營業項目除播放錄影帶之外，還兼附咖啡、飲料，並提供舒適的沙發、柔軟的椅墊和電話等設備。採全天候廿四小時營業。……[9]

彭芸的實地調查研究描述說：

> 多數的消費者利用晚上去MTV，當週六和週日時，則自下午起半夜持續增加，每日消費人數約在一百五十人左右，出租片數約為七十五支，男女消費者各半，學生佔四成，一般社會人士六成，十八歲以下的青少年約佔四成，十九至二十五歲約佔三成，二十六歲以上佔三成。二人結伴租用一個小包廂較多，且一男一女的比例頗高。每次租看一支片子最多，最常看動作片、恐怖片、文藝片等。此外，裝備損壞、失竊、喝酒等事亦曾發生。[10]

---

⑨ 賴國洲，《我國傳播政策之研究》，國立政治大學博士論文（民國七十七年）。

⑩ 彭芸，《從新傳播科技看臺灣的MTV現象》，財團法人樂山文教基金會研究報告（民國七十七年）。

像這類西方與日本文化產品的流入，固然並不始於今日，但是在資訊時代臨近的今日，當資訊的生產、傳輸和分配都發生了革命性的改變時，國與國之間任何疆界都告崩潰，一切保護措施都變得徒然，問題的性質乃大異於往日。

更值得注意的是：今日帶來文化衝擊的不只是新的傳播媒介而已，「資訊革命」所促成龐大的跨國企業經營，頻繁的國際貿易、國際金融、國際旅遊、以及消費型態的國際化——吃「麥當勞」、穿牛仔褲、開私家汽車……等，都與MTV和衛星直播電視一樣，具有文化涵意，而且達於行為層面。

深入探討資訊社會意義的學者，對這類現象還有很多進一步的解釋。汪琪綜合如下：

——技術先進國家只有當它們關切到通俗文化產品輸往其他國家時，才主張自由貿易，反之卻不然。

——電信設備加速了國與國之間的資訊流通。但是其中百分之九十的流通是在多國機構「自己衙門內」運作，並不出資使用自由市場的服務。

——國際組織的運作原則，使開發中國家跟第一及第二世界國家競爭電信資源時，處於不利地位。備受物議的一個原則是國際電信聯盟(ITU)分配通訊衛星太空位置的「先來先佔用」哲學。

——開發中國家雖然普遍仍關切「文化帝國主義」，很多人擔心：由於外國的通俗文化產品日愈使文化認同變得模糊，傳播技術將加深文化帝國主義問題的嚴重性。另有人相信：隨身聽、電腦和錄放影機三者的「個人性」，將帶來孤立而非開明，帶來愚昧而非教育。更有人認為：傳播革命鼓發了一些不可能實現的期望，是欺騙了農民。⑪

李亦園對今日傳播媒介與文化——特別是通俗文化的關聯性，有如下的描述：

> 在空前繁榮的現代工商社會裡，休閒、娛樂的需求特別迫切……很多商人就大量生產休閒娛樂的產品，並藉現代大眾傳播工具無遠弗屆地廣為宣傳……大眾文化的流行並不只是指熱門音樂、流行歌曲、電視文化、商業電影、以及西門町族、龐克族的少年次文化而已，而是包括一向被知識份子視為高層文化的精緻文化、精緻藝術也感染了商業性……且作為藝術……的自主性，創意精神也就完全喪失了。⑫

⑪ Georgette Wang, *Communication and Development in an Information Age: New Wine in Old Bottle?* Annual Conference of the Pacific Telecommunication Council, Honolulu, 1988.

⑫ 李亦園，〈再創文明的高峰：廿一世紀中國文化發展的方向〉，《廿一世紀基金會成立紀念論文集》（臺北：廿一世紀基金會，民國七十七年八月）。

總之，資訊時代為今日臺灣帶來的文化困難，是本土文化面臨全新的挑戰，通俗文化的泛溢，和市場導向正在摧殘藝術的自主性和創造精神。

四、如何適應文化激盪

前節所檢討資訊時代的文化問題，困擾著所有已進入和正在進入工業社會的國家。對於臺灣而言，這類問題可能更為嚴重。因為臺灣正以超乎尋常的速度在這條路上向前邁進，適應上的困難更加深重；同時，臺灣本土資源有限，對國際依賴比較許多國家更為殷切，尤其必須依賴資訊方面的強勢國家，例如美國和日本。如非擁有相當堅實的中華傳統文化基礎，在文化防衛系統無由生效的今日，情況可能更令人憂慮。

通俗或大眾文化的擴延和舶來文化的侵蝕，以席勒(Herbert T. Schiller)的觀點來看，乃是資訊社會中資訊淪於「商化」與「私化」的結果⓭。美國商人對待瑪丹娜的音樂，從「產品」設計以至於行銷策略與技術，與對待「麥當勞」的漢堡包是完全一樣的。流行音樂為大企業與速食經營者成為大企業毫無二致。而且最後都變成跨國或多國的運作而形成「侵略」。這

⓭ Herbert T. Schiller, *Who Knows: Information in the Age of the Fortune 500* (Norwood, NJ: Ablex, 1981).

就是資訊商品化的一個例子。

私化是隨商化而至的。資訊成為商品，而以追求利潤為其存在的目的之後，資訊的取得與使用就須付出金錢。資訊「商人」就必須設法將資訊據為自己所有，例如著作權與版權的保持，甚或將公共資訊（例如政府所「生產」的有關公眾事務的資料或消息），也可化為私有轉售給使用者。

鄭瑞城綜合學者分析資訊商化與私化所導致的負面結果，得到三點結論：

1.資訊供應者偏重市場導向，投使用者之所好，製售「賣」得出去（但不見得有用或有益）的資訊。

2.新傳播媒介（如電傳視訊）創辦初期由於使用者少，資訊單位成本與售價必高，只有經濟能力高者才可能購用，何況硬體設備又更加深了這種傾向。（我國情形即如此，請參閱前文所載有關我國電傳視訊的研究結果）

3.資訊既有利可圖，資訊供應者勢必將許多原屬公共、使用者可免費享用的資訊據為私有，而損害公眾原有之權益。⑭

這三個結局，今天也正落在我們的周遭，而使我們面臨某種程度的「文化激盪」，而產

⑭ 鄭瑞城，《電傳視訊》（臺北：國立政治大學新聞研究所，民國七十四年二月）。

生適應問題。所以，正本清源，如果要使文化——甚至整個公眾利益——於社會進入資訊時代之際，不致受到負面的影響，基本之圖，是在防止資訊的商化與私化，或者至少要設法減低商化與私化的既存事實所可能導致的傷害。像這樣一種基本工程，當不是可以用頭痛醫頭、腳痛醫腳的枝節措施能夠完成的，這牽涉到基本的資訊政策。換言之，我國在經濟建設的範圍內，或以經建的觀點來「策進」資訊工業，似乎視野有限，很難概覽全局。在這個政策之下，整個社會很難作好準備進入資訊時代的美好境界，反而可能陷入一個惡夢之中。

沈清松等三位文化研究者，在兩度以「大慧調查法」訪問三十五位與資訊問題有關的專家（包括政策制訂決策者、學者及工商業者），所獲得的意見，也明顯表示妥善制訂資訊政策的必要性。根據訪問專家的結果，沈氏等提出了一些資訊政策的指導原則⑮：

1.政策研究的重點應在自由化的大原則下，研究如何調和經濟、社會、文化各方面的利益，如何尋求最佳的平衡。由大慧調查的結果看來，對自由化的總目標已有共識，可是對造成的手段，自由化的程度則意見分歧。因此尚需透過討論研究以造成共識。真正重要的問題在於如何拿捏政策，在開放的原則下，朝向保護個人權益、維護文化自主等經濟以外的社會目標。

---

⑮ 沈清松等，同❺。

2.政策應藉討論及教育建立對資訊及資訊政策的共識。由調查結果看來，對資訊的認知仍然分歧。如果我們肯定資訊觀為資訊社會發展的前提，為促進資訊社會，政策上也必須建立共識。

共識可分兩點來說，第一應對政策發展的方向，有共同的看法。第二則是對資訊的認知內涵，應符合有助於資訊社會發展。正如前面指出，大多數人對資訊仍未予適當的重視，資訊習慣傾向於被動，對資訊的定義過於狹隘，即使應用資訊，仍各為功利導向，忽視了資訊也是個人社會文化的一環。

3.改善資訊環境，尤其是城鄉之間的差距。目前各方對資訊認知的差異，可能是結構性因素所造成。此處所指結構性因素主要指資訊環境，包括資訊管道的多寡、資訊品質的良窳、教育社經地位差異造成能力上的差異。這些都在城鄉居民對資訊認知的不同中顯示出來。結構上的缺陷，造成了態度認知上的落伍，進而造成了智溝(knowledge gap)，兩者惡性循環，往往使差距日益擴大，也造成了社會發展的不均。

政府似乎並沒有完全忽略資訊政策的文化層面，在設置資訊策進會多年之後，開始把目光從工業發展的方向，掃射到與文化有密切關係的傳播媒體的發展方面來。具體而言，行政院於民國七十二年八月在電信專家們的努力催促下，成立了「行政院建立有線電視系統工作小組」，並完成了一系列的研究，於十八個月後提出報告。小組的工作一度停頓，目前已恢復。

電信與電腦技術結合後，高效率的有線傳播體系無疑地將變成資訊社會神經系統。建立有線傳播體系，應該是我國資訊政策中一個重要部份。只有這樣一個多頻道的、互動性的、分散型的傳播網路誕生，前述的政策指導原則才有可能推行，資訊私化與商化的弊害才有可能避免或加以緩和，多元文化可賴以發展，個人的傳播權利也有伸張的機會。

本文作者甚至相信籌建有線電視系統（或更概括地稱為有線傳播系統）就是「資訊時代的文化建設」，因為這種傳播系統恰可補救今日無線式的電視與其他大眾傳播媒介的缺點，譬如⑯：

第一、有線電視同一時間能夠用眾多頻道播出不同的節目，以滿足不同興趣的觀眾之資訊要求，而不必走「通俗路線」。大眾審美標準可以提高。

第二、非通俗的藝術人員，也有機會使用電視，可以達到「藝者有其媒介」的民生主義境界，不同品味的藝術家都有可供「耕耘的土地」（媒介），有助於文化與藝術的多元化發展。精緻文化的成長亦變得大有可能。

---

⑯ 徐佳士，〈資訊時代的文化建設〉，《東方雜誌》，復刊第十六卷，第七期（民國七十二年一月）。

第三、有線電視如採「互動」(interactive)系統，利用電視的主動權可操在觀眾之手，對知識的發展大有幫助。

第四、有線電視宜於作為社區傳播系統，有助於消滅「傳播的死角」，伸張小社區居民的傳播權利，促進地方的進步。

第五、在這系統中，資訊送達消費者，所耗費的資源遠低於印刷品，長期來看，是最經濟的傳播媒介，且不污染環境。

上面五項優點是根據技術上的可能性而作的論斷。技術可能性的發揮，則有賴一個健全制度的建立與推行。關於這一點，鄭瑞城提出一些值得參考的見解。他指出，一個社會的傳播體系通常和該社會的政治、經濟及文化等體系息息相關，在目前世界可資選擇的兩種運作理論模式粗分為市場競爭型(market competition)與公用型(public utility)。前者以美國為代表，後者以日本及英國為代表⓱。

學者們對這兩種制度孰優孰劣的討論是相當熱烈的，但鄭瑞城特別指出，在美國和在英日，都不是實行純淨的自由競爭或純淨的公眾控制。美國也有公共電視與廣播系統，日英近年來「獨立」商業系統的重要性正在日增，而且無論那一個國家，也都沒有發展一個十全十

⓱ 鄭瑞城，同⓮。

美的制度。我國的傳播體系將走那一種路線，抑或開闢第三模式，乃是一個應該深加探究的問題。不過，在作探究時，必須考慮的是：不論採何「模式」，都應該以在其模式下建立的制度是否容許上述五個有線系統優點能充分發揮，作為不變的準則。

最後更要指出：在文化建設中，媒體上面所攜載的文化產品——例如電視節目、廣播劇、通俗音樂、通俗小說、和電影等——都只是上層建築而已。這些產品品質的提昇，先決條件是必須具有一個深厚的基層結構(infrastructure)，這些文化產品的基層結構是各種基礎藝術，也就是文學、戲劇、音樂、繪畫、舞蹈和雕塑等。這項基層結構對於文化建設的重要性，就跟電力、機場、高速公路和港口等對於經濟建設的重要性，是完全相同的。我們在從技術與制度等方面努力從事文化建設的同時，基礎藝術的發展更必須加強，否則就是捨本逐末，建設的目的永難達成。

民七十八年三月出版《民國七十七年度中華民國文化發展之評估與展望》之一章，行政院文化建設委員會委託研究

傳播媒介跨進資訊時代

「今天晚上的電視『有』些什麼節目可看?」這是現在我們在晚飯後,可能時常聽見的一句話。

「今晚你要『點看』什麼節目?難道又要『電讀』一番嗎?」問前面那句話的人,到民國八十幾年時,十分可能會說後面這一句。

這兩句話有些差別,這些差別的發生不是由於說話的人老了十歲,而是因為中華民國隨著這個世界跨進了另一個時代,一個與今天世界有很大差別的時代。晚飯後的閒談只是大變中的一點小小痕跡而已。

這點小痕跡出現在人們日常生活中,不過區區數語,卻透露了人類一件普通的傳播行為,在資訊時代跟今天的同一行為將有多大的差異。

這項行為是使用家庭起居室裡那個叫做電視機的匣子。今天,電視臺的人士把節目安排在匣子裡，裡面有什麼，人們就看什麼。明天，人們將在一個相同的匣子中，選取他們各種想要看的東西。而且他們不一定「看」，他們也可以選擇供他閱「讀」的東西。他們的方法跟今天的「老辦法」一樣，「彈指之間」按一下鈕子就行了。

其實不必等到「明天」，這種事情現在已經每天都在好些國家的好些家庭中發生，例如北美洲、西歐和日本。對於中華民國和世界大部分其他國家，充分成熟的資訊時代降臨得比較遲一點。但是它必定會到來，而且會很快地到來。

當這日子來到，許多新奇的事情會發生，不只是發生在晚飯的閒談中，也不只是人們使用一個方匣子將另有新竅而已。資訊時代所以被特別稱為一個「時代」，它的涵義是十分寬廣的。人類的一切活動幾乎全都產生了革命性的改變，傳播行為隨著媒介的改變而大變，只是一個方面而已。

但是傳播的改變卻是資訊時代來臨的一個最為顯著的現象。傳播與資訊的關係是直接的、密切的。傳播(communication)和資訊(information)兩個字在某些國家幾乎是同義。在我們的語文用法中，傳播就是「資訊的流來流去」。沒有資訊，傳播無由發生；沒有傳播，資訊就缺乏意義，不成為資訊。

現代人類在親身接觸之外，還必須倚靠媒介來互相傳播。在資訊社會，恰好有一大群新的媒介出現，我們如果來對這些新媒介的本身、它們怎樣被人類使用、使用後可能有些什麼人文的和社會的後果，作一番檢視和預估，必有助於看清楚資訊社會的景象。

這兒所說的媒介，並不限於電視和報紙之類的「大眾傳播媒介」，而包括人與人傳播時所借重的一切機械系統。所以，媒介就是資訊傳送系統、資訊儲藏系統和資訊處理系統的組合。在資訊時代，傳播媒介就是新的電信技術、人造衛星、和電腦的結合。這些科技上的突破，使資訊的處理、儲藏和傳送發生巨變，革命性的新媒介也就一一誕生。

在資訊傳送方面，無線電視已經落伍，有線電話線也大異於往日。今天一個人造衛星上的頻道可以同時通過十萬個電話，如果使用以光纖為基礎的系統，這個數字還會大增。

在資訊處理方面，電腦不只是能量大增，更重要的是價格和體積大減。以往價格與一架直升飛機相等、體積要佔用整個房間的「大電腦」，今天的價格低得只等於一個家庭主婦上一次菜市場所花費的金錢，而且小巧得可以放在她的菜籃裡。

在資訊儲存方面，一部二十四史用「微片」收藏後可以放入西裝口袋。整個美國國會圖書館的資料可以用一間小房間來保藏。使用新的雷射技術，整部大英百科全書可以「縮進」一個火柴盒子中。

這些新資訊機件所結合而成的傳播媒介，怎樣被資訊時代的人類來使用呢？為了敘述方便起見，可分成下列幾類系統來檢視：

娛樂傳播系統

電視仍將是主要的娛樂媒介，在表現方式方面，彩色之後將要出現的是以雷射攝影術製作的立體電視。投影型的放大螢光幕已經在公共場所流行，但是因為大得顯露出掃描線紋，而且價錢昂貴，家庭使用仍舊不很普遍。

卡式錄放影機則流行得異常迅速，已經在很多地區，例如臺灣，變成了老式電視的勁敵。對於電影似乎它的威脅更大。未來的電影放映場地不再能稱為movie theater，而要改為video theater。因為電影中的聲光資訊，再也不必用笨重而昂貴的膠片來作為展示工具。只要一套「聲光主帶」(master video tape) 用高解析度的影像送到人造衛星上去，再從那兒轉送到地球上各地方的戲院，透過巨型錄放系統向千百觀眾展示。

在娛樂系統中，媒介的最重大的突破是有線電視的出現。這個「第二代的電視」報章已介紹很多，它實際上已經在北美洲奠定了基礎，英國最近也決定來創建，日本在作實驗室式的開播。具體而言，有線電視是多頻道的雙向式的電子聲光媒介，它跟「無線電視」的區別不僅在後者靠電波前者則依賴電纜傳送訊號，而且在於：

①輸送「線」是同軸電纜或光纖，同一時間可以載運幾十甚至幾百幾千個訊號。

②與電腦系統相連，可以便利節目的大量儲存、敏捷更新、和隨時立即調取。

③影像品質較老式電視為優，更適宜播送以文字與圖表為主的「電讀」(videotex)。

所以，有線電視實際上將不只用於娛樂。它的頻道眾多，可來可往，將是家庭的資訊港口和資訊倉庫。在下文所描述的其他系統中也將佔一重要地位。

與電視相同，通訊衛星也出現了第二代。這就是「直接廣播電視衛星」(DBS)。它跟「第一代」不同，並不與地面專業的接收站相連，而是把節目直接送到設有小型天線的家庭電視。美國聯邦傳播委員會已經開放了這類系統的設置申請。日本正在積極籌備於一九八四年試放一個DBS，英國也有發展DBS計畫。歐洲太空總署估計，在一九八五年到二〇〇〇年間，全歐洲的家庭太空天線可能達到八千八百座，有線電視臺與DBS相連的可能有三千到五千家。

資訊與計算服務

「電讀」(videotex)將要取報紙而代之，變成未來一般人的重要的資訊來源。在無線電視上播放的「電讀」(teletext) 於一九七四年首先在英國出現，不久後法國、德國的電視上也開創這種用螢光幕提供讀物的服務，內容主要是氣象、新聞、股市行情、和地方的特別事件。讀者只要隨時按鈕就可得到這類資訊。英國的無線電讀有 Ceefax 和 Oracle，西德有 Bildschirmzeitung，法國的叫 Antiope，芬蘭叫 Telset。有線電讀比無線電讀具有更多的功能。這類電讀是有來有往的雙線溝通，與各類資料庫相連，除了提供資訊服務外，還可作交互性的 (transactional) 來往，譬如「電子銀行」業務和「按鈕選購」日用百貨都可在有線電讀機上進行。「立即的民意測驗」和投票也可利用這種「互動式」的電讀系統 (interactive videotext)。有線電讀在英國有Prestel，德國有Bildschirmtext，加拿大有Teledon，日本也在試驗他們的Captain 系統。美國的Qube 則和有線電視節目混合在一塊，相當「有聲有色」，現在已從俄亥俄州哥倫布市一地，擴展到辛辛那提、匹茲堡、達拉斯、和休斯頓等處了。今年九月下旬，美國一大報團Knight & Riddler 已在佛羅里達州南部正式開始規模龐大的有線電讀服務，名稱叫做Viewtron，目標訂戶多達十五萬戶。美國其他報團也在躍躍欲試，有線電讀的進一步發展將形成滿足家庭一切資訊需求的「整合服務數位網路」(integrated services digital network，簡稱ISDN)。

「電讀」服務除了利用有線電視系統外，更加普通的方式是用現有的電話線路與家庭電視機結合而成。我國家庭電話和電視都很普遍，交通部長連戰先生最近在一次會議中，公開宣布我國電信總局正在策畫這一電信新猷，將利用電話線向電視用戶開放電讀服務，預定民國七十四年一月在臺北地區開放六百用戶，七十六年開放二千用戶。交通部並且正在積極發展資訊時代的基本設施，例如資料庫和數位式的傳輸網，甚至舖設高效能的光纖線路，以完成電信系統的全部數位化，作為建立 ISDN 的第一步，而邁入資訊時代，使我國的家庭進入世界的資訊網路之中。當那一天來到時，每個臺灣的普通家庭就與外面遠處的電腦「接上了線」(on-line)，而那些自備小電腦的家庭，尤能在更直接、更省錢的情況下，與世界各地的資料庫相連。任何資訊的取得，甚至交互式的(transactional)往來，都在「彈指之間」可以完成。

訊息送遞系統

目前我們的訊息送遞所利用的媒介是郵傳、電話、電報、交換電報(telex)和傳真電報等。這些老方法是會繼續下去的。譬如傳真電報用在傳送報紙版面和工程圖表方面，範圍日增。不過交換電報則很可能被「傳播式的文字處理機」(communication word processor)所取代。

文字處理機本來是一種把撰稿和編稿、打字和印刷等工作組合在一塊的電子機器。文件從這機器出來之後，目前是用郵寄方式送出，但是實際上可以電話線「立即」傳到收件人的終端機上去，除了速度佔優勢外，費用也比郵寄少得多，企業界可能十分樂於採用。只有寫情書的人，還愛用帶有顏色和香味的紙張來「寄出」他們的訊息；戀愛中的收件人也仍會比較喜歡這類非語文的甜言蜜語。

人對人的傳播媒介

人有時候很喜歡「面談」，目前除了真正當面會談之外，是利用電話來替代。不過大部分只是用在「兩人」之間。「多人電話」在一九三〇年代就已經存在，今天還不普遍，有一些新發展還在進行之中。顯像電話（videotelephone 或videophone）也早就於一九二七年在華盛頓與紐約之間首次出現，今天仍不普遍，主要原因是太貴了（顯像電話佔用的頻道是普通電話的二百五十倍）。

不過，「順風耳會議」（audio conference；音訊電傳會議）很受人歡迎。這是三人以上的電話會商，利用一根或兩根電話線路進行。「千里眼會議」（video conference；視訊電傳會議）

已在好些地方試行。會議舉行時，座位、麥克風、攝影機和電視監看器等，有好幾種安排方式，有的還使用投影放大螢光幕。訊號傳遞所佔用的頻道一千倍於普通的電話，所以費用很高，但是比起會眾旅行聚首於一個遙遠的地方，還是相當經濟的，而且未來的費用必將大減。

在美國和加拿大，目前比較盛行一種「電腦電傳會議」(computer-mediated conference)，由與會人透過他自己所在地的終端機上，把「話」——對問題的意見——送到一個中心電腦，然後分送給所有的與會人。參加者可以在他方便的時間來「開會」，這對於住在不同的時間區的會眾，是一大優點，缺點是不能作立即的討論。

對個人與社會的影響

前面所列述的新傳播媒介和新的傳播體系普遍被人類採納之後，可能對個人與社會，產生一些什麼影響呢？這是目前受到廣泛關切的一個問題。有人態度樂觀。美國社會學者蘇珊・凱勒(Suzanne Keller)說，「我們將藉電子來跟世界密切會合，這將容許我們藏身於一個比較完整的世界，把被第一次工業革命所摧毀的完好和豐盛恢復過來。」另一方面，小說家歐威爾(George Orwell)筆下的「一九八四年」則有一個可怕的世界。創造「地球村」這個名詞的麥

克魯漢 (Marshall Mcluhan) 則有相當冷靜的看法。他說，「……若干年前，沙諾夫(David Sarnoff) 曾說：『我們太愛把科技當作用科技犯罪的人的代罪羔羊。現代科學產品其本身無所謂好壞；如何使用它們，才可決定它們的價值。』……所以天花疫苗無所謂好壞，怎樣使用才決定它的價值。」不過，傳播媒介對人與社會的影響，很久以來就眾論紛紜，非天花疫苗所能比喻，讓我們作一番比較詳細的觀察吧！

個人的適應問題

首先，在心理方面，傳播新工具和體系正在迅速出現，人如何學習使用，就可能引起一些問題。這些新媒介儘管操作起來不算繁難，但總不像面對面的交談，人們從小就學而知之，而且語言學習是人的潛在本能。簡單的動作如打電話、在電視攝影機前面說話，則都得受些訓練才行。操作電腦更加難些，但是，人們必須學好使用新工具才不致變成資訊時代的「文盲」，這種壓力可能越來越大，無疑會引起心理的緊張甚至製造挫折感。

新的傳播媒介和舊媒介最重要的差別，是使用者從被動者變成了主動者。今天觀看電視，只是坐著等待「配給」而已，未來的電視則由觀看者自己去選擇節目。但是斜臥在沙發上等候節目的老習慣能夠輕易地改變嗎？

在電子會議中，儘管聲光都很完美，但缺乏真正面對面傳播中豐富的非語文交流，可能使與會者無法得到社交上的滿足，而相互說服的效果也可能受到影響。

在需由「人對電腦」傳播的設備中，也會有心理問題發生，大部分人都比較願意對電腦用口語說話，或聽電腦說口語，但已發展出來的電腦，只容許打字輸入和用文字輸出。用口語輸出的電腦還比較容易發展，但是製造「能聽人說話的」電腦則困難多了。

不過缺乏「人性」的新傳播方法也有心理上的優點，這就是可以省掉面對面會談繁瑣的禮節，可以比較不顧情面就事論事，傳出斷然否定的訊息。如果病人由醫生利用電腦遙控診斷，病人會變得容易坦白報告病情，而不感到困窘。

對社會生活的影響

在社會關係方面，未來的媒介很可能改變人類「社區」(community) 的性質。社區在舊的時代裡，是一群居住在鄰近地區的人的結合體。工業時代帶來了社會(society) 而沖淡了社區，人們即使住在鄰近，也缺乏「社區意識」。資訊時代中，一種不以地理鄰近性為特質的社區將冒現出來。新媒介打破地理隔閡，把興趣相同、品味相投、或癖好類似的人群分別結合起來，各個人群間訊息交流頻繁，分別形成許多「看不見」的社區，每一個社區的分子都分散在地球每一個角落。許多的「地球村落」出現，與麥克魯漢所預言的單一的「地球村」大異其趣。

新的媒介甚至在家庭階層也可以加強人際關係。工業時代中的家庭，如果分子散居各地，關係就相當疏遠。在資訊時代，地理的距離不一定就會使家庭關係鬆散。父母親住在臺北、兒子在東京、孫女兒在華盛頓，由於新的傳播系統的幫助，就跟生活在同一個屋頂下面相差無幾。

另外一類社會性的影響，可能發生在人口的分布方面。

第一、新媒介可能減少人們流向都市的傾向，並使更多的人搬離城市，定居鄉村，因為在鄉村中居住，不只是環境舒適，而且以往只有城市才有的文化生活，也能在鄉村享受。教育和醫療，不管距離多遠，也可透過電子媒介而取得。

第二、工廠中人口將大減，許多不必處理物料的工作人員，沒有必要群集於工廠或辦公室中操作，在「線兒相連的社會」中，大部分工作者可以留在家裡「上班」。這類事情如果發生，對於大城市將是一個大打擊。因為許多辦公大樓將會失去租戶，今日十分吃香的捷運系統將因乘客大減，變得虧損，而難以維持。（當然也就無存在的必要了。）交通計畫機構不可忽視這個可能性。

政治・經濟・環境

新媒介如果不受獨裁者控制，對於政治的貢獻是更能促進民主制度。因為：第一、權力中心人物將對周圍的影響力，更容易作敏捷的反應。政府與人民間的溝通也因孔道增加而大為增進。第二、人民對政府和國會的運作能作「準目擊」式的瞭解，而增加對公眾事務參與的興趣，消除冷淡。

未來的電子媒介從經濟觀點而言，更是顯著地優於今日的印刷媒介與老式的電信設施。第一、能量消耗較低。印刷機器耗電很多，報紙等出版品的運輸也很耗費能量。第二、人力消耗較少。這是因為自動化的廣泛使用。第三、材料耗費有限。印刷媒介必須使用大量紙張，舊的電信設備則利用大量銅線。新媒介對紙張只作選擇性的使用，此外，由於光纖的發明，可以取代同軸電纜，更可不必依賴銅的供應。光纖的主要原料是地球上最多的物質之一——砂。

在二十一世紀時，倫敦和紐約的街道都將變成豐富的銅礦場，因為那時地下電纜將要挖出，改用光纖來取代。

由於能量消費甚少，未來的傳播媒介對環境的污染也將遠次於用機器印刷、用車船運送的報紙和其他的出版品。人類減少使用報紙為大眾媒介原料之後，即可停止大舉砍伐森林，這將大有助於維護自然生態的平衡。

一些待解決的問題

前面對未來傳播媒介遠景的描繪大致上是樂觀的，這一切的樂觀預測，都必須以媒介是在民主的制度之下使用為前提。但是值得重視的是，新媒介本身的發展是否會產生任何損害民主原則的後果。在這方面，令人發生疑慮的是有下列問題：

①隱私權的維護。透過新的傳播系統所作的一切交互性的資訊活動，都將會在電腦中留下記錄，有些資料庫中也將儲存個人的資料（包括購物、信用和醫療記錄）。這些個人的隱私，假使沒有妥善的保密辦法，將很難不會受到侵犯和濫用。

②知識差距。這項憂慮是基於兩個主要原因：一、傳播設施的擁有及使用，都將有利於

富有階層，不利於貧困人士。工具分配的不均，可能造成資訊分配的不均。二、在新的傳播體系中，資訊的取得為主動性的，「學而後知不足」，知識愈多者，愈積極求知；知識愈少者，愈將利用媒介作為休閒工具，他們知識的累積就愈少。

此外，在資訊時代來到的同時，與傳播有關的一些法律問題也將接踵而至。譬如由於複製方便，有關著作權與版權的法律可能必須重寫。又如傳播媒介的傳統界線變得模糊，「電讀」既屬「廣播」事業，也是「出版」業，應該援引那種法律來管理？國與國之間的資訊流通，衛星直接播送電視節目越界「溢出」，都會引起國家主權之爭。科技新猷對人為限制的這些挑戰都是相當有趣，是有待人的「頭蓋骨下面的電腦」才能解決的難題。

民七十二年十二月二十四日《資訊與電腦》雜誌

麥克魯漢的傳播理論評介

四部重要著作

今年九月開始，美國大學中一個極崇高的講座，將由一個曾對傳播媒介提出一套獨特理論的人來擔任。

此人是加拿大多倫多大學的馬歇爾・麥克魯漢(Marshall McLuhan)教授。當他下學期在富爾丹大學就任年薪十萬美元的「亞爾伯・史懷哲人文講座」(Albert Schweitzer Chair of Humanities)時，將是獲得這一殊譽的第一個研究人類傳播的學者。

把麥克魯漢稱為研究傳播的學者，很可能引起一般傳播研究家的抗議。因為這位教授的本行是教英文，他在多倫多大學聖邁可學院的主要課程是「現代文學」與「批評」。雖然他為研究生開了一個叫做「傳播」的研討課程(seminar)，討論傳播媒介對文化的影響，但是他是用什麼「方法」來「測量」媒介的影響的？做過實驗嗎？從事過調查嗎？試過其他科學的方法嗎？

似乎沒有。但是他分析過歷史，觀察過現狀——從加拿大那個他所說的「靠近世界中心」的地方，觀察過美國這個大眾媒介無所不在的「新部落」裡的大眾文化現象，而且提出了理論。最重要的是：他寫了書。

在他的著作中，主要的四部是：

一、《機械新娘》(*The Mechanical Bride*, Vanguard, 1951, reissued 1967)

二、《戈騰堡星雲：印刷人的塑造》(*The Gutenberg Galaxy: The Making of Typographic Man*, University of Toronto Press, 1962)

三、《瞭解媒介：人的延伸》(*Understanding Media : The Extensions of Man*, McGraw Hill, 1964)

四、今年三月出版和費奧爾 (Quentin Fiore) 合著的《媒介就是按摩》(*The Medium Is the Massage*, Bantam Books, 1967)

這些著作雖然沒有受到正統的傳播研究界的重視，但是據說在哈佛和密西根大學，《瞭解媒介》是小說以外賣得最快的讀物。哥倫比亞大學一個女生說，讀麥克魯漢的書，好像是吃LSD——目前若干美國青年愛服用以圖逃避現實的幻想藥。她說「你必須吃過LSD，才知道它的妙處。麥克魯漢的書也是如此。」

麥克魯漢的崇拜者不只限於LSD 的嗜客而已。通用電器、萬國商業機器和貝爾電話這些大公司的主管們也曾紛紛邀他去向高級人員作教育性的演說。《新聞週刊》的編者把麥克魯漢的照片印上了它三月初一期的封面。遠在大西洋對岸，法國人在他們的文字中創造了mcluhanisme，來指那些運用多種媒介的普普藝術(pop art)。

更令人驚異的是：麥克魯漢的著作並不像美國其他一般的暢銷書那樣行文流暢，易於閱讀。他的文字艱深，組織怪異，重複錯亂，術語連篇。

技術宿命論者

不過麥克魯漢著作中的基本論點，並不像他的文字那般難懂。乍讀之下，那些概念似乎非常陌生，但是只要進一步推敲，所謂「麥克魯漢主義」的理論基礎則是十分簡單的。在麥克魯漢的眼底下，人類歷史的路線是完全被技術的演變所決定的。正如馬克斯是經濟宿命論者，相信一個社會的經濟組織是社會生活的決定因素一樣，麥克魯漢相信重大的技術發明是社會演變的主要影響力量。

用技術的影響力來解釋歷史，在麥克魯漢之前頗不乏人。但是麥克魯漢所最崇拜的技術宿命論者是寫過《中古技術與社會改變》(*Medieval Technology and Social Change*) 的歷史家懷特(Lynn White Jr.)。懷特認為三件發明創造了西方的中古時代：馬鐙、馬蹄鐵、和馬軛。有了馬鐙後，士兵可以披著甲冑上馬，馬蹄鐵和馬軛使馬的耕田效率提高，因而形成了農業封建制度，從而有較高的收入來為士兵購置甲冑。

麥克魯漢沒有從戰爭工具的演進上來尋找歷史的軌跡，他選擇的是和平的征服武器。他認為傳播技術的重大改變是促成社會改變的決定力量。這種技術的改變不只是觸發社會組織的大變，而且引起人類感官能力(sensibility) 的劇烈轉變。因此，人類每一個時代的特質，都是傳播的媒介所造成的。「媒介就是音訊」(The medium is the message) 乃成了麥克魯漢的名言。他所指的媒介除了像印刷及電視這類典型的傳播工具之外，還包括服飾、金錢及任何可以傳達意義的人造器物。

他的基本論點是：這些媒介傳情達意的特定方式，能改變人的感官的生活——能改變人的「所見」、「所聽」、「所觸」、「所嚐」、和「所嗅」，因而改變人的「所知」。例如由於工具與語言這些媒介在原始人中發展，乃使原始人的頭腦產生重大的進展，變得和其他動物大異其趣，人類並不是在成為人類之前即具有較高級的頭腦，而後發展成為知道使用工具與語言的。每一媒介都是「人的延伸」(extension of man)。穴居人的石斧是手的延伸，書是眼的延伸，電的媒介（電報、電話和電視等）是中央神經系統的延伸。每一項延伸都會使人的五種感官的均衡狀態產生變動——使某一感官凌駕其他感官之上——因而改變人在接受資訊(information)時所感，所想，和他所反應的方式。結果乃產生一個新的環境。空間關係全異的新時代乃脫穎而出。所以他說「媒介就是音訊」。這句話的意思是：真正對人類文化產生影響的不是媒介所傳達的音訊，而是媒介本身。以電視為例：對人類生活產生影響的，是點點燐光形成影像的這個事實，而不是那影像所傳出的「我愛露西」、「信東之夜」、或「田邊俱樂部」。

西方歷史四階段

麥克魯漢把西方歷史劃分為四大時代：

最早的時代是完全以口頭傳播，文字出現之前的部落時代。在這時代中，人類的耳朵是駕乎一切之上的感覺器官。後世的人說「百聞不如一見」，那時代的人可能要說「百見不如一聞」。人生活在一個聲音的空間，部落林立，易動感情，諸事都共同參預。

第二個時代是從古希臘的荷馬時期開始。由於文字的出現，音訊可以變成用視覺來理解的符號，神祕的聽覺世界乃因感官平衡局勢的改變而消失，代之而起的是一個「眼睛的世界」。這個時代在西方持續了大約二千年。

接著出現的是印刷的時代。麥克魯漢在《戈騰堡星雲》中說：戈騰堡所發明的印刷活字，決定了一五〇〇年至一九〇〇年期間的西方文化。由於大量生產的印刷品能比手寫的傳播品，把消息和知識散播得更快和更廣，西方世界好像捱了一個氫彈。一個全然不同，變化萬端的新環境——戈騰堡星雲——乃告湧現。

在這個時代中，因為書籍散傳得迅速和廣泛，民族主義情緒乃得到鼓勵。新的媒介且使人類第一次可以獨處一隅地閱讀和思想，個人主義和個人意見因而誕生，西方的政治思想與制度和宗教改革就是因此而形成的。

不過麥克魯漢認為印刷媒介對社會的更根本的影響，還是由於它塑造了人類理解環境的新方式。人在讀印刷品時，是有先後次序，沿著「線狀形式」(linear form) 繼續進行的。線狀的理解方式改造了西方人的感官能力。他在以往看世界時，把每一件事物看成一項個體，但在文藝復興時代，西方人看世界的萬事萬物都像他讀印刷品一樣，把它們作線狀的連貫，賦之以繼續性，並時常看出其中的因果關係來。

線狀思想的影響

這種線狀的思想在美術方面，促成透視法的誕生；在音樂方面，揚棄了像「格里葛瑞聖歌」(Gregorian chants)那一類的重複，而帶來了像交響曲中的那種線狀發展；在文學方面，帶來了依時序進行的敘述體裁；在物理學方面，帶來了牛頓和笛卡爾學派認為宇宙是可以在空間與時間中定出位置的一個實體的看法；在經濟方面，帶來了工廠中的裝配線(assembly line)。麥克魯漢而且認為：一切方式的機械化都是從活字誕生的，活字就是一切機器的雛形。

但是這個「印刷人」(typouraphic man)的時代隨著二十世紀的來臨而消逝，代之而起是人類歷史的第四個時代——電的時代。在前一個時代裡，戈騰堡星雲式的大爆炸把古老的部落團結炸得粉碎，電子時代的新媒介則恰恰相反，把分散的世界重新聚合了起來，麥克魯漢把這情形稱為「重新部落化」(retribalization)。前一時代中的繪畫和印刷品只衝擊人的一種感官——視覺；新時代的媒介——例如電視和電影——則衝擊人的視覺和聽覺。新媒介對人採取包圍之勢，促人深深參預。老式的線狀的聯繫斷了，人類重新感到聽覺及視覺上的存在。

各感官的存在使原始人所重視的觸覺在今天再度抬頭。通訊衛星和其他的高速媒介消滅了空間與時間的距離，把世界變成了「一個地球村」(a global village)。在「地球村」中，所有的人都是彼此互相接觸，牽連在一塊的。全世界就是一大部落。一家有電視、報紙和雜誌的路邊小食店，就和紐約巴黎一般，是地球部落的一部份。在這部落中，富者和貧者必須相處，所以國際上有援外計劃，在美國則有消滅貧窮之戰。在這部落中，黑人和白人必須相交往，所以美國的民權運動乃越來越熱鬧。在這部落中，少年世界和成年世界無法隔離，因此有洛杉磯夕陽區(Sunset Strip)的青年暴動。

讀報像洗熱水澡

印刷時代的人，在一個時間內只看一件東西，依著順序進行（正如一列鉛字一樣），但是當代的人則在同一時間接納各種傳播。譬如人們閱讀書籍和看報的方式就大不相同。讀書仍採取古老的線狀形式，但是今天人們讀報紙則不是一條一條消息依次讀下去，而是把眼睛掃射整個版面，同時流覽各個標題，照片和廣告。麥氏說：「實際上人們並不是讀報，而是每天早晨跳進報紙中，好像洗熱水澡一樣。」

麥克魯漢在《瞭解媒介》中，似乎相信新媒介是人類福利之所繫。他認為舊的線狀媒介帶來了個人主義，民族主義，和袖手旁觀的態度(non-involvement)，這些都非社會之福。新媒介則能帶來「全體感，移情感(empathy)和深度的知曉感」。在過去，人們採取行動時可以不必過份關心行動的後果，因為行動的反應不會立即發生。在今天，行動和反應卻幾乎是同時出現的。「受書本導向」(book oriented)的人，是不會把自己牽涉到他所讀到的事物中去的。但是今日的電視卻要求觀看者深深介入其中。譬如甘迺迪總統的被刺和葬禮，因為是由電視報導，使公眾產生深刻的參預感覺，所以這件大事發生後，全美國都保持著相當的鎮靜，沒有發生大騷亂。因此麥克魯漢建議，白宮和克里姆林宮之間如要裝置緊急磋商用的「熱線」通訊聯繫的話，應該裝設參預程度較大的電話，而不要裝設屬於印刷媒介類的打字電報機。

媒介的「熱」與「涼」

用閱聽人(audience)參預程度的深淺來預測傳播效果的高低，並不是新理論，不過麥克魯漢所採用的術語，卻使這條大學新聞系學生所熟知的原則，聽起來特別新奇。他把媒介分為「熱」「涼」兩種。大體而言，那些只涉及一種感官的媒介，即閱聽人參預程度淺的媒介是

「熱」的；涉及多項感官的媒介——特別是電視——則是「涼」的。他認為像印刷品這種「熱」媒介為某一感官所提供的情報是多量的，對所傳播的事物，有明確的描述，給予「高度的定義」(high-definition)；「涼」媒介與「熱」媒介恰好相反，只提供少量情報，但涉及一切的感官，給予「低度的定義」(low-definition)，而需閱聽人的高度參預。根據他自己所舉的例子，漫畫是「熱」的，無線電通常是「熱」的，印刷品、照片、電影及繪畫尤其是「熱」的。(電影之所以異於電視而被認為是「熱」的，可能因為電影銀幕寬大，所供情報豐富，觀眾座位遙遠，難以參預。)

不只是媒介有「涼」「熱」之別，就是媒介所傳播的事物與人物也「涼」「熱」各異（當然，在麥克魯漢看來，事物與人物也可能屬媒介之列）。譬如美國的足球賽是「涼」的，國會中的調查聽證則是「熱」的；棒球賽是「熱」的，女子的魚網式長襪和太陽眼鏡是「涼」的（這兩種飾物激發參預感，所以穿戴這種「涼」媒介的女子比較性感），希特勒和尼克森是「熱」的，艾森豪和甘迺迪是「涼」的。

「熱」的事物與人物，宜用「熱」媒介傳播，「涼」媒介則在傳播「涼」東西上較佔優勢。譬如美國國會的聽證，在報紙上報導就不像用電視報導那般令人厭倦。但是足球賽則適宜於電視，電視上一幕劣等的足球賽都比無線電報導一次精彩足球賽有趣得多。但是棒球賽則是「線狀」的，所以不宜在電視上出現，因此足球已取代棒球成為美國人最喜歡的運動了。

一九六〇年甘迺迪在電視上和尼克森辯論之後而於總統競選中獲勝，據麥克魯漢的解釋，是因為電視這個「涼」媒介恰好適宜於這位漫不經心的「涼」人物。「熱」的希特勒幸好遇上「熱」媒介的時代，假使他那時候電視已廣為流行的話，希特勒可能很快就已覆亡。

電視不只是把投票所帶進了起居室，越南戰爭和黑人民權示威大遊行也透過電視使觀眾直接牽涉其中。麥克魯漢說，假使沒有電視，美國就不會有民權立法，像越南這種「熱」戰，遇上電視這種「涼」媒介乃是碰到了剋星。美國青年反對越戰不是出自於和平主義，而是出自因牽涉其中而產生的痛苦。他預料越戰終將因電視而結束。

在麥克魯漢的眼底下，今日美國社會許多的新現象都屬於電視所造成的「環境的改變」。譬如：在夜總會中燈光更暗，音樂更吵，乃是因為人們視覺（印刷媒介所倚重者）在衰退，而力事觸覺的發揚。青年未婚男女性行為日趨隨便，已婚夫婦的行為則較嚴謹，這正是部落文化的特點。男女少年服裝與髮式的撲朔迷離，也是重視觸覺的結果。「迷你」短裙，裸胸女侍、海灘上和電影中的裸露越來越多，這些都是因為視覺地位衰微之後，人們對於皮膚的裸露就全不在乎了。電視時代的青年不重視職務和日標，而要求擔當「角色」(role)，則是因為擔當角色乃是力圖參預。在工業中，電視拼盤式的表現法也在驅逐印刷媒介所造成的線狀思想。管理部門人事方面的線狀結構已消失，工場中的裝配線也已消逝，甚至尼龍絲襪後面的縫線也不見了。

沙顆之中有金粒

以上這些結論似乎可以說明為什麼麥克魯漢的書會在美國受到熱烈的歡迎。他指示讀者去「瞭解媒介」，但是看起來，他更能瞭解是他自己的媒介的讀者。他的媒介市場是恰好在一個深受技術劇變激盪的國家。新的「大眾文化」似乎並沒有使這個國家的民眾變得真正「見聞廣博」(well informed)，有能力來瞭解新奇的經驗。他們在某種的「星雲」之前迷惘失措。為什麼財富的增加不能增進社會的協調?為什麼若干道德基石崩潰得如此迅速?為什麼青年行為反叛到這般程度?……對這一類的問題，美國人在期待一個簡易的答案。

麥克魯漢的音訊恰好滿足了這個普遍的需求，因此洛陽紙貴。任何為複雜問題提出簡易答案的音訊，似乎必然會有這種成功的結果。馬克斯的音訊是如此，佛洛伊德的音訊也是如此。

但是麥克魯漢音訊的正確程度如何？美國男子的確不愛棒球了，他太太尼龍絲襪後面的縫線也的確消失了。這些觀察都足以令美國人心悅誠服。不過，那些自己也作觀察的美國人可能要懷疑：工廠中的裝配線真的消失了嗎？麥克魯漢的回答是：請看看新牌子的野馬(Mustang)汽車，車子基本結構雖然一樣，但是顧客有好幾十件特別的配件可供選擇，這乃是大量生產將消逝的跡象。他說，人們看不見裝配線消逝，是因為人們看世界是向後面看的。他認為今日的社會好像一個只知道使用後望鏡的汽車司機，他既不向前看，也不向兩旁看，只是從後望鏡中回顧已經走過的道路而已。

麥克魯漢自己並非時刻是向前看的。他的著作幾乎全部都是用古老的印刷媒介表現，不過他曾掙扎著擺脫線狀方式，採取電視的拼盤表現法。換言之，他是在「熱」媒介中提供「涼」的內容。讀者應該「參預」進去，以從糟糠中選取珠玉，沙顆中淘取金粒。

媒介的長期效果

最近出版的《媒介就是按摩》是進一步脫離線狀方式，邁向多感官的一個努力。書名是出自「媒介就是音訊(message)」這句名言的雙關語。用massage來代替message，是表示媒介不僅僅是音訊，而且是向你全身（一切感官）發生作用的，像按摩一般的音訊。麥克魯漢在「按摩」讀者時，除了採用他所擅長的妙語如珠的格言和謔語之外，並且在圖案設計家費奧爾的協助下，配合著文字，供應了很多企圖刺激多種感官的圖畫。他這本書中的音訊是舊的，媒介則是百分之五十的新。

批評者們必須記牢：不管麥克魯漢使用音訊抑或使用媒介，他並未曾認真地想建立一套堅實的理論。他能得到斷然的，一網打盡一池魚的結論，只是因為他採取了「語不驚人誓不休」的寫作態度。他坦白說：「如果不能句驚四座，沒有人會加以注意。」他認為他的一切說法，都是暫時性的試探，可以像衛生紙一樣隨便拋棄。他說：「我自己也不一定同意我所說的每一句話。」他把自己比成一個偷保險箱的人，在最初他並不知道保險箱有什麼東西，只是來到保險箱前面開始工作，摸索、探試、敲打、傾聽，直到把鎖弄開，箱中財寶乃俯拾即是。

在麥克魯漢為傳播理論所獲取的財寶中，最足珍貴的也許是他為媒介的長期效果提供的假設。到目前為止，傳播效果的研究，幾乎完全集中於探討媒介在施教、改變態度及意見、以及銷售商品等方面的短期效果。但是大眾傳播媒介在其長期的作用中，對社會將產生什麼影響呢？對於這問題只有人表達過希望或憂慮。（樂觀的人認為大眾媒介將促進民主，增強瞭解；悲觀的人把大眾媒介看成洪水猛獸，或擔心它們傷害思想與文化，或認為某些媒介內容足以危害青年身心和鼓勵人民逃避現實，或相信對媒介的耽迷足以養成消極態度。）不先行預料保險箱中有什麼，而對媒介作過真正的分析和觀察，而且不以衛道精神而提出媒介長期效果的假定的，麥克魯漢是第一人。

民五十六年五月二十日《新聞學研究》第一集

傳播與發展理論的探討

發展與傳播關係，一向就是探討發展過程的學者們所關心的問題。理論的取向是十分紛歧的，像種族、氣候、宗教、國民性，甚至育兒方法等，都曾被理論家們認為是促動一個社會發展或改變的因素。所有這些有關發展的理論，當然不是本文所能一一檢討的，事實上也無此必要。但是有三類發展理論都或多或少論及傳播所擔當的角色。

一、關於發展的經濟理論

有關發展過程的經濟理論，大致是從經濟成長理論演化而來。學者們對已開發國家的經濟改變過程的研究就是顯著的例子❶。它們是以三個生產基本要素（土地、勞力與資本）為

❶ 例如 Hirschman, Hlbert O. 的 *The Strategy of Economic Development*, New Haven, Conn.: Yale University

觀點來說明經濟的發展，認為資本形成是經濟成長的關鍵。當然馬克斯也重視這三個要素，不過比較注意技術的改變。熊彼德(Schumpeter)則是眾所周知十分重視市場、供應來源和企業精神在經濟成長中的角色。凱因斯時代以後的學者，則重視資本與產量比例及儲蓄傾向對經濟成長的貢獻❷。此後勞力及勞力素質的因素也受到重視，而有所謂「人力資本」(human capital)之說。

關於未開發的國家的經濟成長理論即從上述觀念演進而成。由於落後國家的經濟發展事實上並不是工業國家快速成長的翻版，乃被認為這是因為其中必有「阻礙」或「失去了一些組件」。最常被提的是「阻礙」是資本的不足。因此，補救之策是在注入外來的資本。另外一個說法是認為落後經濟的特點是一個國家有兩個極端不稱的部門，一個部門相當進步，另一部門則是傳統的農村經濟，發展之道就是把這兩部門結合起來❸。

Press, 1958. 及 Ranis, Gustav 的 "Economic Growth: II. Theory," in David L. Sills (ed.), *International Encyclopedia of the Social Sciences*, Vol. 4, New York: Macmillan, 1968, pp. 408–417.

❷ Harrod, Roy F., "An Essay in Dynamic Theory," *Economic Journal*, 49 (March),1939, pp. 14–33. Domar, Evsey, *Essays on the Theory of Economic Growth*, New York: Oxford University Press, 1957.

❸ Frey, Frederick W., "Communication and Development ," in Pool , Ithiel de Sola and Schramm , Wilbur

在經濟的發展理論中，是很少提到傳播的。雖然經濟學者有時也會用一兩段文字提到價值標準、人的因素、社會典制等，但通常點到即止。比較顯著的例外可能是羅斯陶(Walt W. Rostow)的發展階段論，他的經濟「起飛」階段有一個條件是：「有一個政治的、社會的和制度上的架構迅速出現，以在現代經濟部門策動擴展的衝力……[4]」他所說的制度就含有傳播因素在內。關於發展的經濟理論通常並強調組織、勞動力的教育和人力投資等觀念，這也都和傳播有密切關係。

二、關於發展的心理理論

企圖從心理學觀點來建立發展理論的學者以哈根(Everett E. Hagen)和麥克里蘭(David C. McClelland)最為受到重視，他們的理論比較完備。若干較為狹窄的理論則出自曼諾尼(Otare Mannoni)、李范(Robert LeVine)和佛洛謨(Erich Fromm)及麥考貝(Michael Maccoby)等人[5]。

(ed.), *Handbook of Communication*, Chicago: Rand McNally College Publishing Co., 1973, pp. 367–368.

[4] Rostow, Walt W., *The Stages of Economic Growth*, London: Cambridge University Press, 1960, p. 38.

[5] 哈根著有*On the Theory of Social Change*，麥克里蘭有*The Achieving Society*，曼諾尼有*Prospero and*

哈根的主要論點之一是：社會結構基本上是由社會分子人格而決定的。傳統社會建築在傳統的人格上，創新性的社會建築在創新性的人格上。要將某一型的社會制度轉變為另一型的社會制度，就須把人格加以轉變。傳統社會的典型人格是崇尚權威，抵抗創新，不相信世界是可以駕御的，個人的人生是無法改變的。在傳統社會中，精英分子(elite)強烈地希望與非精英分子「上下有別」，所以不願從事體力勞動。只有這些人格特徵改變才能促成發展。

麥克里蘭的主要觀點是：社會分子「對於成就的需求」(n achievement)與此社會的經濟發展有著很強的，重要的，因果的關係。他們說的「對於成就的需求」是一個力求上進的動機，勇於接受挑戰，願意受考驗和追求成功的心理狀態。

這兩項發展理論都可說涉及傳播問題。哈、麥二氏既然都相信社會制度與人格有基本的關聯，那麼，各型人格又怎樣與各型的傳播制度發生關係呢？在所謂「四種傳播制度」中是否各有不同的人格？是否在開放的社會盛行開放的人格，封閉的社會盛行封閉的人格？哈根的理論直接引起了與傳播有關的問題。他說，現代化使社會規模擴大，同時沖洗了地方主義，使現代化進一步加深，這乃表示：與一個以上的社區交往，傳播的內容乃變得複雜，可以導致心理上彈性的擴大，進而有利於發展。

Caliban，李范有*Dreams and Deeds*，佛洛謨與麥考貝有*Social Character in a Mexican Village*。

關於傳播與發展的關係，麥克里蘭有句話說得更為明顯。他說團結社會的力量原為固定的傳統，在經濟發展過程中，則變為容許改變的民意以及人際關係。換言之，社會上人與人聯結的方法不再是硬性的、事先規定的法則，而是採適應特定需要的彈性方式❻。

三、關於發展的政治理論

關於發展的經濟與心理理論大致上是用國民生產毛額為標準來說明社會改變的方向，雖然心理學的發展理論同時還關心比較深一層的趨勢。但是關於發展的政治理論則沒有這種一致性。譬如佛瑞(Frederick W. Frey) 曾列出四項基本不同的政治發展理論❼，裴魯恂(Lucian W. Pye) 則列出了十種以上，其中只有兩種討論與經濟發展有關的政治改變，其餘都與經濟無關，討論民主、穩定、動員與權力，和行政及法律制度等問題❽。但大部分研究政治發展

❻ McClelland, David C., *The Achieving Society*, Princeton, New Jersey: Van Nostrand, 1961, p. 192.

❼ Frey, Frederick W., "Political Development,Power, and Communications in Turkey," in Lucian Pye(ed.), *Communication and Political Development*, Princeton, New Jersey: Princeton University Press, 1963, pp. 298–326.

的學者都認為傳播是發展過程中的極重要因素，把它稱之為政治制度的「神經」、「血液」或「軀幹」，至少學者們認為下列五種與傳播有關的項目跟政治發展有關[9]：

1. 決策過程中「資訊」(information) 的供應。
2. 各分子間統合與協調所需的傳播。
3. 發展所產生的影響政治的心理後果。
4. 政治改變本身的傳播過程。
5. 國際傳播的影響。

四、發展的傳播理論

前面已簡略檢討在經濟、心理、與政治學者所提出的發展理論中傳播所可能發揮的功能。而傳播與發展的關係更是研究傳播本身的學者近些年來頗為重視的一個課題，而且已有較為完整的理論推出。

---

[8] Pye, Luician W., *Aspects of Political Development*, Boston: Little, Brown, 1966.

[9] Frey (1973), *op. cit.*

從廣義的觀點而言，傳播與發展關係研究並不是近年來才受到重視。譬如早在本世紀初葉人類學者所開始探討的「新事物的擴散」(diffusion of innovation) 就是從傳播過程觀點來研討社會與技術改變的過程❿。農村社會學者和社會學者循著這一傳統就各項特定事物的採納作過相當豐富的研究，他們的成果幾乎足以構成一門獨立的學科。擴散理論旨在解釋特定行為的改變，而不是一般的發展過程，此處不擬詳加說明，因為這裡所關切的是一般的發展過程與傳播的關係。

在關於一般發展的傳播理論中，影響最深遠的可能是倫奈(Daniel Lerner)。關於現代化過程的學說，他用了四個變數——城市化、識字率、接觸大眾媒介和「參與」來描述一個社會從「傳統」經由「過渡」而達於「現代」的過程。他所說的「參與」包括政治參與（投票對公共事務作自己的決定），經濟參與（個人平均所得及市場活動的增加），傳播參與（發表意見，接觸媒介）和心理參與（移情力——empathy，心理機動性）等，所有這些參與彼此都有強烈的正面關係，都足以促成現代化。他說：「在每一個地方……城市化增加後即趨於使識字率增加；識字率增加引起媒介接觸的增加；媒介接觸的增加與經濟參與及政治參與之增加

❿ Katz, Elihu, et al., "Traditions of Research on the Diffusion of Innovation," in Kenneth K. Sereno and C. David Mortensen (ed.), *Foundations of Communication Theory*, New York: Harper and Row, 1970, p. [illegible]42.

攜手並行。」後來他又補充說，媒介接觸增加後又會反方向地使識字率增加⓫。

倫奈除了從「總體」(macro) 觀點分析現代化過程之外，並從「微體」(micro) 層面提出假設。他認為在一個現代化的參與社會中必須有現代化的勇於參與的個人，「現代人」的主要特徵是具有精神上的彈性，而且自身投入於環境（尤其是社會性的環境）之中。他具有「機動的人格」，其特徵是：高度的改變能力、高度的移情力，對公眾事物有意見發表。在個人的層面，倫奈認為移情力是現代化的原動力。（在社會層面，他似乎把城市化作為現代化的起點。）他所說的「現代化」就是從社會觀點為「發展」所定的一個名稱。

倫奈的理論影響此後很多關於發展與傳播的研究。譬如羅吉斯(Everett M. Rogers) 就曾試行把倫奈的理論加以細膩化和延伸⓬，佛瑞則試行修訂倫奈在總體與微體兩個層面不相協調的論點，他在土耳其所做的研究中發現：識字率與接觸媒介的確是促使個人現代化的有力因素。形體的機動性(Physical Mobility) 與態度的現代化有關，接觸報紙、廣播和電影亦然⓭。

⓫ Lerner, Daniel, *The Passing of Traditional Society*, Glencoe, Illinois: Free Press, 1958, pp. 43–75.

⓬ Rogers, Everett M., *Modernization among Peasants :The Impact of Communication* , New York: Holt, Rinehart and Winston, 1969.

⓭ Frey, Frederick W., *The Mass Media and Rural Development in Turkey*, Cambridge, Massachusetts: Center

佛瑞並把前述各類變數綜合起來，重新分成兩個因素：⑴改變的接觸(exposure to change)，其中包括城市化、識字率、接觸大眾媒介、形體機動性、教育等，這些項目有一共同性：它們使個人暴露於可能改變的情況中。⑵認知的彈性(cognitive flexibility)，其中包括移情力、創新性、對偏差的容忍、以及知識等，這些都是認知具有彈性的表現。這兩因素的相互影響乃是個人現代化的基本過程[14]。

根據佛瑞的假設，個人現代化乃是個人由於「改變的接觸」而達成「認知的彈性」。不過前者影響後者時，與一個人的學習過程很類似，是呈S曲線型的，一個傳統人物在最初發生「改變的接觸」時，是有抵抗的，不會立即產生「認知的彈性」。換言之，不會立即產生態度的改變，唯有繼續「接觸」，達於某一點（所謂impingement point）「彈性」乃開始增加，如繼續「接觸」，「彈性」繼續增加，但當「接觸」增高到另一點（所謂trauma point）時，「彈性」則停止增加，甚至下降。有如下圖[15]：

---

for International Studies, M.I.T., 1966.

[14] Frey, "Developmental Aspects of Administration" in Paul J. Leagans and Charles P.Loomis (eds.), *Behavioral Change in Agriculture*, Ithaca, New York: Cornell University Press, 1971, pp. 219–272.

[15] *Ibid.*, pp. 265–272.

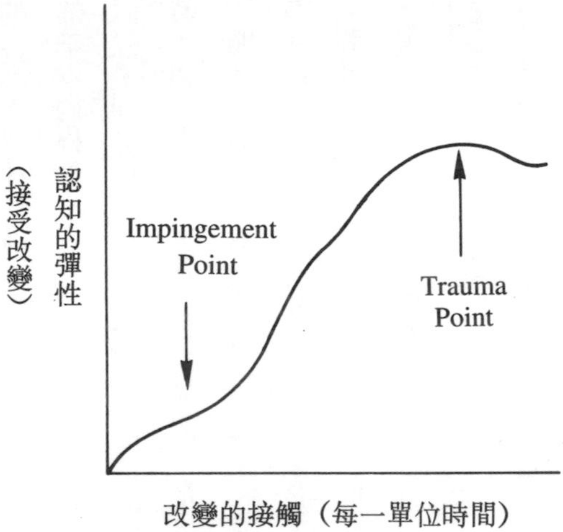

這一傳播理論模式可以解釋為何傳統人物在最初接觸促他改變的事物時，通常都會加以抗拒，唯有繼續接觸才開始「現代化」。過量的接觸（為大眾媒介的過量使用）足以產生「麻

醉」反功能，也可用這模式加以解釋：「接觸」量達到個人所能「消化」的限度時，這種「接觸」即不能產生「改變」。

佛瑞這項關於發展的傳播模式的另一可取之處，是它綜合了前人所提的一切自變數，使理論達到一個較高的抽象階層，但也正因如此，所謂「改變的接觸」變得十分難於測量，因為其中所含項目都是互相影響的，第二個因素「認知的彈性」亦復如此。

從上述檢討，可知關於傳播與發展的理論，仍在形成階段，「定論」尚未完成。但是學者們大致均同意，不論在「總體」或「微體」層面，傳播或大眾傳播均屬促成改變的動力。社會與人的現代化可運用傳播上的努力來促成或加速似乎毋庸置疑。

施蘭謨(Wilbur Schramm)甚至根據傳播效果研究的發現，推論「大眾傳播在國家發展中能夠做些什麼和能夠協助做些什麼」。他的結論是大眾媒介能夠做的事有下列各項：

——擴大民眾的視野

——集中民眾的注意力

——提高民眾的抱負

——創造發展的氣氛

——間接協助改變牢固的態度或作法

——充實人際的親身傳播
——對發展事業與人物授與較高的地位
——拓廣關於政策的討論
——加強社會規範
——協助形成品味(tastes)
——影響不甚牢固的態度和稍略疏導牢固的態度
——協助各類教育與訓練⑯。

（本文為作者在政大新聞研究所專題「臺灣地區民眾傳播行為研究」中第一部份內容）

民六十六年十二月《人與社會》

---

⑯ Schramm, Wilbur, *Mass Media and National Development*, Stanford, California: Stanford University Press, 1964, pp. 127–144.

近代新聞思潮的演變

「近代新聞思潮」是個很模糊的概念，無法以較精確的視角來評述。由於新聞制度萌芽於近代，故所謂的「近代新聞思潮」是指自有新式的新聞媒體（或傳播媒體）以來，各個國家或社會抱持某種觀念、理想來運作不同的新聞制度稱之。

新聞思潮是近代才有的，甚且，嚴格地說這種思潮是否獨立於其他思想之外而單獨存在，至今仍然存疑。

新聞制度是社會、經濟、政治、文化等制度中的一部分，彼此息息相關，不可分割。關於社會、經濟、政治、文化等制度的看法與理想，都是人類智力活動的結晶，擁有較為進步、定型的思想體系與主義，但新聞或大眾傳播卻無此思想體系，它們只是某個制度的一部分，或是某個大結構中的小結構，故其本身不可能有獨立的思潮。

對於近代新聞思潮，首先作有系統的比較分析，並且用上「理論」一詞來描述，是在西元一九五六年，那一年美國三位學者Fred Seibert, T. Peterson，和Wilbur Schramm 合著一本書——《新聞四種理論》(*Four Theories of the Press*)，全書共有四章，談論四種新聞「理論」。至此，才有我所謂的近代新聞思潮。

所謂「新聞四種理論」為：權力理論 (Authoritarian Theory)、自由主義理論 (Libertarian Theory)、共產理論(Communism or Soviet Media Theory)及社會責任理論(Social Responsibility Theory)。其中，社會責任理論是今天在我國比較受到重視的一個「理論」。

在自由國家，其新聞思潮通常是由權力理論演變為自由主義理論，再到社會責任理論。上述四種理論的說法提出以來已經歷三十年的時光。這是變動頗鉅的三十年，社會與大眾都改變了很多，那麼新聞理論是否也應與時俱「變」呢？答案是肯定的，社會的改變會帶給大眾新的需要與新的觀念，新聞制度本身也大有變遷，故「理論」之說，也有演進，但是一般人士，似乎還認為「社會責任理論」是一個最後的「定」論。

上述四種新聞理論，除了共產理論屬於另一個系統，甚至毫無演進可言，我們不必去談外，茲將權力理論、自由主義理論及社會責任理論分述如下：

一、權力理論

最初辦報的人、控制報業的人或決定報業政策的人，並未自認係根據某種理論而行，而是後人主觀認定的。以西方觀點而言，十七世紀的歐洲，是君主專制的時代，當有人發明印刷機後，人們發覺印刷品對政權頗有影響，故爭先控制新聞(press)，主政者以其政治權力來控制新聞，新聞必須在不違反主政者利益的前提下，獲得其同意方可印製，故稱「權力理論」。主政者並利用各種方式來限制新聞自由，例如執照許可制度、懲罰、課稅、用津貼方式賄賂等。其基本觀念認為：「民可使由之，不可使知之」，而採取所謂的愚民政策，並且不容對權力當局有所批評。此種理論不單盛行於十七、八世紀的西方國家，至今有許多國家在面臨危急狀況時，亦會採取某種程度的控制新聞事業的措施，例如第一、二次世界大戰期中，美國採取「新聞檢查制度」，亦屬「權力理論」的一種手法。今天仍有好些「不很自由」的國家，新聞也是「不很自由」，或多或少採行權力主義的。

二、自由主義理論

此種理論的出現，與「政治民主化」有密切的關係，所謂的民主政治哲學，即為個人主義哲學，認為「個人重要、眾人平等」、「個人是有理性的」，故個人有意見的自由和發表的自由，自然就應有新聞的自由。這些假定，都是根據民主政治哲學而來的。

自由主義理論，看似簡單，實則十分複雜，尤其是把理論變成制度時，出現了很多問題：

(1)該理論認為個人有發表的自由，但當把這理想變成制度時，便會產生問題。譬如，每個人都有擁有新聞、印製新聞、和發表意見的自由，但是是否每個人都有相同的能力來擁有或取得實現這些自由的工具？歷史證明，顯然沒有，這是值得深思的一個問題。

例如美國紐約《前鋒報》的創刊，就是由兩三個年輕人，在一棟地下室一個小房間內，擺幾個肥皂箱子，編編寫寫，用一架手搖的印刷機，就辦出份報紙在街上賣，以實現自己的新聞自由。這真是個很美好的時代。又如：《讀者文摘》這份雜誌，是由兩個耶魯大學的學生所創辦，現今是跨越國界的著名雜誌。但是在今天，是不是任何想辦報的人，就可以辦出一份能在市場上銷行的報紙，而實現他的新聞自由或發表自由？

(2)印刷媒體出現較早，為自由主義理論所專注的對象，以致這一自由無法行之於後起的廣播電臺與電視臺，此為自由主義理論的一大缺失。在今天，甚至在美國，這兩媒介還是要向政府申請許可才可以開辦的。

(3)自由主義理論有所謂的「意見自由市場」(Free Market Place of Ideas)之說。這是比喻人們的意見也像商品一般，應該容許自由流動，讓一般人來選擇。但很不幸，今天，「新聞」

果真變成實際「市場上的產品」，既有「市場」，必有「競爭」，導致媒介所有者將新聞當成「商品」般的製造、銷售，造成了所謂的「市場導向」。而且，新聞企業也像自由社會的其他企業一般，享有企業經營的自由。本來，創始該理論的學者認為有了新聞自由，可以促進民主，使得更多人參與政治，但實行的結果卻變成沒有能力辨報的人，就沒法表達意見；唯有擁有媒介的人，才享有充分的新聞自由，變成所謂的「媒介所有者的自由」，非「全民的自由」，而產生了升斗小民無法「攀登媒介的邊」(access to the media) 的大問題。

三、社會責任理論

自由主義理論發展至極端，即產生社會責任理論，亦稱「新自由主義理論」。該理論認為人們可以擁有新聞自由，但需向社會擔負某種責任，沖淡了「個人主義」的色彩，偏向於集體主義。

現今是資本主義的世界，企業界曾有 Accountability, Accountable 的口號，此與報業的 Responsibility, Responsible 有異曲同工之妙。

美國雜誌大王亨利・魯斯(Henry R. Luce) 於西元一九四二年組織了「新聞自由委員會」

(Commission on Freedom of the Press)該委員會於西元一九四七年提出了一份報告書——「自由而負責的新聞」(A Free and Responsible Press)，受到一些知識份子的贊同與鼓吹；而且報告書中的部分理想亦貫徹到公共政策內，尤其是廣播和電視，例如美國的公共廣播與電視制度，英國廣播公司(BBC)的成立等都是最好的例子。可見媒介不但可以個人控制，也宜於公眾控制，督促媒介善盡責任。

但此一理論是完善的嗎？不盡然，因為：

(1)自由主義理論並不等於放任理論，例如自由主義理論是表現在各國憲法內，憲法支持個人擁有發表自由，但憲法亦規定，個人的自由以不侵害其他的個人、團體的自由為範圍，亦不能違反社會所接受的道德標準，可見自由主義理論並非絕對的自由，亦是有責任的自由，其中本來就含有責任的觀念。社會責任理論者忽視了這一點，而自稱為「新自由主義理論」，相當矛盾。

(2)當媒體之間發生有關什麼是「社會責任」的爭執時，到底誰是仲裁者？由誰來決定什麼人所說的「社會責任」才是真正的「社會責任」？此時，便必需尋找權威(authority)來解釋，這就變成「權力理論」了。如此看來，真正實行社會責任理論的反而是共產國家了，在共產國家，並沒有人批評大眾媒介忽略社會責任，那兒的媒介是忠實地執行著共黨所規定的社會責任的。同理，我們如果實施共產主義，不就可達到社會責任理論的目標嗎？「社會責任理論」者恐怕不能同意這一點吧。

⑶亦有人批評社會責任理論實際操作也產生了問題。例如英國廣播公司(BBC)，是將社會責任理論貫徹到制度中的一個例子，議者卻認為BBC權力過分集中、過度專業化、遠離草根民眾、內部官僚作風濃厚、節目只符合精英份子的偏見，未讓大眾普遍參與，故不符合民主的精神，無益於民主的過程，更遑論促進民主了。所以，此種理論值得檢討。在我國的一般人，特別是知識份子，對於現行的公共電視，提出好些批評和建議，據我看來，也頗多精英人士的偏見，忽視草根小人物群體的所需和所求。

除了上述四種新聞理論外，英國學者 Denis McQuail 於一九八三年所出版的 *Mass Communication Theory: An Introduction* 一書中，提到兩種較新的理論發展，茲分述如下：

四、發展性的媒介或新聞理論

二次世界大戰後，許多新興國家脫離殖民地的地位，並開始在各方面努力，以圖建立自己的「國家意識」(national identity)。新聞媒介被認為是一項建立國家意識，進一步促進國家發展的工具。

一九八〇年聯合國文教組織之下的「國際傳播問題研究委員會」曾發表所謂「麥克布萊德報告」，是把媒介協助發展這個觀念，第一次作有系統陳述的一個文件。這個理論在消極方面反對「媒介帝國主義」，積極方面附和「建立世界資訊新秩序」的口號，相當近似我國的民族主義。

此理論承認自由的重要，但認為政府可以經營媒介，且媒介應以幫助國家發展為要務，新聞記者需要有一個行為的規範。但是到今天為止，「發展的新聞」理論在實行上則困難重重。因為第三世界國家有好些共同情況，就不利於獨立的大眾媒介的發展，媒介本身都難於發展，何能寄望它來促進國家的發展？第三世界國家的共同困難在於：㈠缺乏傳播的基層建設，如電訊和運輸等；㈡缺乏專業技術，如編採人員、電訊人員、節目人員、甚至缺乏藝員和作家；㈢缺乏工業與文化資源；㈣甚至缺乏閱聽人，因為教育落後，媒介沒有讀者，也沒有了解傳播內容的聽眾和觀眾；㈤建立媒介所需的事事物物，它們都得依賴已發展的國家來供應。這些國家曾有好幾次試行設立數國共同的新聞通訊社，以與國際大通訊社對抗，都完全失敗了。

不過，發展中的國家，對於大眾媒介應該有一個異於資本主義國家或共產國家的理論，是毫無疑問的事。目前，這一類國家，事實上是或多或少奉行著權力主義的新聞理論，甚至採取與共產社會類似的新聞制度。這種情形無疑地不是阻礙了它們的國家發展，就是不利於它們民主社會的建立。有時還同時帶來這兩個惡果。

發展式的新聞理論，從麥克布萊德報告來看，其所主張的要點為：把媒介運用於幫助國家發展，利用媒介促進國家的自主權和文化上的獨立性，相當程度地贊成媒介容許草根民眾的參與，它雖然反對權力主義，但為了國家發展可以採行集體主義。因此，為了這個目的，新聞記者和新聞機構的某些自由，應該被貶抑於他們的「責任」之下。換言之，在這種理論中，集體目的比個人自由更為重要。可惜的是，這個論調時常被統治者運用，作為壓抑或操縱大眾媒介的口實。

五、民主參與理論

幾乎在第三世界冒現發展性的新聞理論的同時，在西方世界，則由於社會責任理論在理論上與實踐上都有違民主精神，而促成了一個新理論的誕生，這就是「民主參與理論」，不過關於這個理論還有沒有一個單一的文件可以引述，而是包括在許多批評西方大眾媒介制度的著作中。他們的共同的目的是在解決自由主義所帶來的問題，而這些問題又是社會責任理論者所未能解決的。

據我看來，這是不強調自由主義理論中「知之權利」，而重視「傳播的權利」的一種理論。

「傳播」被確定為一種個人的權利，是因為在社會上大部分成員無法攀登媒介的今日，他們之間就再也沒有互相溝通（傳播）的機會。社會成員的傳播需求就應該被認為是人權的一部分，不應該遭受剝削。具體而言，傳播權利包括下列項目：

——社會中每一位個人或每一群體的真實境況都有為社會知悉的權利。

——社會中每一位個人或每一群體的形象，都有不被傳播媒介扭曲的權利。

——社會中「非公眾人物」的個人的私事，有不被報導的權利。這就是隱私權。

——社會中不同群體或個人的期望和意見，有在媒介上出現的權利。

——不同品味的藝術產品，都有使用媒介的權利。

——不同品味的藝術消費者，有在媒介上接觸不同品味藝術產品的權利。

根據個人傳播權利應該伸張，以便達成真正民主社會的理想，「民主參與理論」的鼓吹者提出了下列的主張：

一、普通的公民和少數集團擁有攀登媒介的權利，也有權根據他們自己所決定的需求，而受到媒介服務，而來滿足這些需求。

二、媒介的組織和內容不應受到集中式的政治或國家官僚體制的控制。這是反對社會責任理論者的公營傳播制度。

三、媒介應該是為了閱聽人而存在，不是為了媒介組織（報紙及電臺等）、專業人員、或媒介的客戶（刊登廣告者）而存在。

四、各類團體、組織、和地方社區應該擁有它們自己的媒介。

五、小型的、互動式的、和參與性的媒介，比大型的、單方向的專業人員製作的媒介更好。

六、對於大眾媒介的某些社會需求，並不是從消費者的欲求上所能表現出來的；社會對媒介有什麼需求，也不是可以由國家或國家的重要機構來決定的。這就是說，市場導向和公共經營都無法滿足社會的需求。

從上述這些要點，我們可以看出「民主參與理論」是對西方世界大企業式的媒介制度以及新興的公營廣播及電視制度感到不耐，而提出的改革主張。它具有真正的自由主義精神，也帶有平等主義，甚至社會主義色彩，其崇高的理想，看起來也接近烏托邦的境界。傳播媒介如果建立在這個基礎上面，當然就比今天已有的任何其他制度，更加接近民主的理想了。

檢討完近代新聞思潮的演變之後，我們似乎可以看出第三世界的「發展性媒介理論」是民族主義精神的發揮，西方「自由主義理論」是民權主義思想的一部分，而「民主參與理論」重視公平與分配，乃類似民生主義的原則。國父的民生主義主張公平分配社會的物質資源，如果國父今天仍健在，我相信他也會把公平分配的原則，推展於非物質的「資訊的資源」。因為資訊與物質財富相同，都是權力的來源，只有當這兩者的分配達成公平的境地時，權力也就會公平地，普遍地分配給全民，而使社會帶進真正的民主境界。

我今天的結論是，假使我們要探究我們中國應採納何種新聞思潮始符合我們的立國精神的話，似乎不應像有些人士主張來接納「社會責任理論」，而應該考量如何把分別與民族、民權與民生三個主義精神相吻合的「發展」、「自由」和「民主參與」三個理論，作一番有機的綜合，發展出一套全新的觀念來。

（本文為作者在中國新聞學會及中國時報主辦「新聞學術系列講座」之專題演講）

民七十六年一月二十一日於中國廣播公司播出，董素蘭紀錄

人的三級跳

——大眾傳播理論發展的一段路途

在政大新聞研究所教過書的繆里爾(John C. Merrill)，三年前和他的密蘇里大學同事勞文斯坦(Ralph L. Lawenstein)合寫了一本大眾傳播入門書，題目叫做《媒介、訊息與人》(*Media, Messages, and Men*)。三年後的今天，在美國（馬上會在臺灣）大學新聞系學生書架上出現了另一本入門書，題目是《人、訊息和媒介》(*Men, Messages and Media*)，作者是施蘭謨(Wilbur Schramm)。

這是兩樁相隔一千多個日子，似乎沒有關聯的小事件。兩本書都用了三個「M」來做題目，不過「人」的地位從第一本書的末座跳上了第二本書的首席，這似乎只是巧合中的一個巧變。

這個戲劇性的巧變，對於一個關心大眾傳播理論發展的人，有著非凡的意義。因為從《媒介、訊息與人》到《人、訊息和媒介》，恰恰反映了大眾傳播理論模式的演變趨勢。不過這番演變並非發生在過去短短的三年中，而已經歷了大約半個世紀的旅程。「媒介—訊息—人」是一個較早時期出現的對大眾傳播過程的想像模式，在這個模式中，傳播媒介像一個槍手，訊息是子彈，射向他的閱聽人(audience)。這是一個把人看成挨受射擊的靶子的傳播模式。但在「人—訊息—媒介」的模式中，人從挨射擊的地位脫穎而出，變成了傳播過程中的主動者，甚至變成為新近一些學者們所稱的「固執的閱聽人」(obstinate audience)。對他所接獲的訊息怎樣作解釋，對他所接觸的媒介怎樣來使用，都全由他自己來決斷了。不過，「人」並不像這兩本書書名的差別一般，一躍即從末座而登於主宰地位。「人」在大眾傳播理論中升等是一個拾級而上的過程。

人是靶子

人是傳播的靶子，這早已就是那些對大眾傳播的「力量」懷著恐懼、憂慮，或抱樂觀的人士的看法。科技進展使大眾傳播變成為這個世紀的一個奇景，人顯得渺小無助，不過掌握著傳播媒介的人則被看成神通廣大，傳播的模式，是直線式的，是有刺激即發生反應的，這是一個「人（傳播者）操縱人（被傳播者）」的模式。對大眾傳播的一切憂慮、恐懼或希望都由此而生。直到今天，人們仍舊在談論電影電視敗壞社會道德，談論暴力節目促使少年犯罪，悲天憫人的小說家則描寫多少年後大眾傳播專橫統治的世界，宣傳家們仍舊忙著發表宣言以爭取支持，政治理想家從新的傳播媒介中看見了 town meeting 式的直接民主政治的影子……

這不只是「社會人士」所看見的傳播模式，而且也是早期宣傳分析家的理論模式。像美國的拉斯威爾(Harold D. Lasswell)這樣權威的政治「科學家」對於宣傳必定「有效」也視為當然，他說：

> ……宣傳是現代世界最有力的工具之一。……原始小部落能用擊鼓和跳舞的狂暴旋律，把不同的份子熔合成一個作戰的整體……在大社會中……必須要一種較新和較巧妙的工具，來把幾萬甚至幾百萬幾千萬人結成一個懷著憎恨和願望的群體……這一社會團結新工具的名稱就是宣傳。

這似乎是拉斯威爾研究第一次世界大戰宣傳效果而得到的結論。當時大規模商業廣告的出現也似乎曾勸服消費者增加購買，似乎也支持著這個模式。但是宣傳或廣告發生預期效果，因素很多，許多失敗的宣傳和廣告就無法嵌進這個單行道的直線模式中。拉斯威爾在研究第二次世界大戰的宣傳活動之後，為傳播提出一個到今天還時常被人引述的公式，他說：「要描述傳播行動，有一個方便辦法，這就是回答下面這個問題：什麼人利用什麼途徑，向什麼人，說什麼話，有什麼效果？」這個公式也許比他的宣傳定義進步多了，但是基本模式未變，閱聽人仍舊是停留在被動的，沒有活力的，等待挨打的靶子的地位。

可是，（也許是不幸的），這個公式支配了傳播研究的方向二、三十年之久。

人各不同

直到較少的政治學者來分析宣傳技巧，更多的心理學者來探究人的行為時，單方向的直線傳播模式乃開始動搖。尤其是心理理論家不再用人類天生的機械作用來解釋複雜的人類行為了，人再也不是個個相同的動物。心理學者開始重視環境對人的影響。換言之，他們對人的學習過程產生了極大的興趣。

瓦特生(John Waterson)的行為主義，巴夫洛夫(Ivan Pavlov)和貝卡特勒夫(Vladimir

Bekhterev)的制約(conditioning)實驗，以及其他學者對人類與動物所作的實驗，增進了人們對學習過程的瞭解。社會心理學者對態度(attitude)形成的探究，則增進了對態度改變的知識，並提供了測量態度的計量技術。這些發現和成果，為傳播學者開啟了窺探閱聽人內心奧祕的窗戶。人的環境各異，人的「社會化」過程不同，這乃為不同的人形成不同的「預存立場」(predisposition)，使不同的人，對相同的刺激，作不同的反應，對相同的訊號，加以不同的解釋。大眾傳播的閱聽人再也不是靜坐著挨打的靶子。他會主動來影響傳播的「效果」，傳播假使產生效果的話，在不同的人身上所產生的效果將各不相同。原則是這樣的：加強預存立場的效果易見，改變預存立場的效果難尋。

這個較新的傳播模式，在一九六〇年克拉柏(Joseph Klapper)的《大眾傳播效果》一書出版時，就已鞏固確立。這本書是一座記程碑，它結束了拉斯威爾所代表的時代。不過，在克拉柏所代表的時代（現在還沒完全過去），學者們還沒有完全脫離上一時代的傳統，仍舊是從「傳播者所期望的效果」觀點上，從事傳播研究。

人的干預

人在大眾傳播中更加主動而活躍的角色，是從社會學的角度研究傳播過程的人所發現的。像克拉柏的著作一般，拉查斯斐(Paul Lazarsfeld) 和凱茲(Elihu Katz)的《親身影響：人在大眾傳播中所扮演的角色》(*Personal Influence the Part Played by People in the Flow of Mass Communications*)，也是一座記程碑，它把人在傳播過程中的地位又提高了一級。人不僅不是傳播的靶子，人不僅各自以他自己所選擇的方式來受影響，人並且進一步在大眾傳播的訊息還沒有達到他的同伴之前，插進一腳，守住關口，或者趁機影響周圍的人。

在這個傳播模式中，出現了「兩級傳播」與「意見領袖」這兩個令人著迷的觀念。許多的研究曾在這個基本假定下進行，成果豐富，顯示非正式的社會關係（如家庭、朋友、玩伴等）在今天這個「現代」社會跟在舊社會中一般重要，是大眾傳播過程中的刺激與反應二者之間的重要干預因素。

大眾傳播中親身影響的研究者最近又進入另一個相關領域，他們和人類學者、農村社會學者、甚至行銷研究者匯合，開啟了「新事物傳散」(diffusion of innovation) 研究的新天地。這是對於瞭解社會改變(social change) 過程的一項非常有益的發展。

人是主宰

這是「人」在大眾傳播理論中的最新一次躍進。這也是大眾傳播理論家第一次放棄從「傳播者所預期的效果」觀點，改而站在一個新的立足點來察看大眾傳播。

新的立足點是閱聽人。不管大眾傳播媒介是今天這世界上如何壯觀的一個奇景，「人」纔是傳播活動的主角。這個看法是基於下列的假定：

——閱聽人是主動者。他主要是為了自己的需求或目標，而來接觸或使用大眾媒介。

——接觸大眾媒介是閱聽人滿足需求的一個途徑；而非唯一途徑。此外，與環境作直接接觸是另一滿足需求的途徑。

——這兩條途徑是互相競爭的。決定採取那一途徑的，是閱聽人自己。

——閱聽人怎樣使用大眾媒介，是依他的需求而決定的，而不是由傳播者的意旨或傳播的內容而決定的。

——假使能夠找出閱聽人接觸與使用大眾媒介是為滿足什麼需求，我們就可能推測此一大眾媒介對這閱聽人可能產生什麼「效果」。

這些假定乃構成了目前正在萌芽的所謂「媒介使用與滿足研究」(uses and gratifications research) 的基礎。此類研究大致是在探討：

——閱聽人使用各種大眾媒介分別是為了滿足一些什麼需求或動機？

——各類大眾媒介對閱聽人的各項需求或動機，分別能給與何種程度的滿足？

——除大眾媒介外，親身的接觸（如交友、聽講、康樂活動……等）是否更能滿足閱聽人的某些需求或動機？

對這類問題如果能找出答案，你就不難知道各類傳播來源對不同的閱聽人有何種的功能，因而便有可能找出適當途徑，順勢來「影響」他，達成你所期望的效果。

除了這類「功能」研究把閱聽人視為主宰之外，近年來相當受到注意的所謂「均衡模式」(homeostatic model)，也是認為閱聽人是「追尋消息」(information seeking)的主動者。海德爾(F. Haider) 的「平衡理論」，斐斯廷吉(Leon Festinger)的「認識不和諧理論」(cognitive dissonance theory) 和奧斯古(Charles Osgood)等的「調協理論」(congruity theory)都屬於這一模式。他們相信個人時常是為了保持或增強心理的平衡，而主動去避免，或去追尋，或去曲解消息。這一理論模式對於瞭解人類傳播行為也有很大的幫助。

「人」在大眾傳播理論中被派定的角色，在不到半個世紀的時間內，從挨打的靶子，變成了主宰，這是一次相當動人的三級跳。這一成就應該歸功於傳播學者從科際角度、採用行為科學研究方法所作的努力。本文限於字數，對於這一演進，只能簡述，有掛一漏萬之憾，但願這篇小文，能使我們社會關心大眾傳播和運用大眾傳播的人士，放棄「人是靶子」的看法，認真查察一下閱聽人在大眾傳播過程中究竟幹些什麼，然後來作評論，來定政策。

民六十三年十一月《新生報》「現代學術思想」專欄單行本

知的權利抑或傳播權利？

政大新聞學系紀念創立五十週年時與林熊徵學田基金會合辦學術講演之一

我們這些年來時常聽到「知的權利」，正如早些年我們時常聽到「新聞自由」這一名詞。也許「知的權利」名詞，比「新聞自由」更能被我們所瞭解。所謂「知」，就是要知道造物者為了讓我們知道環境的事情，已經給了我們很多東西。給了我們什麼呢？給了我們眼睛、耳朵，給了我們觸覺，還有人有「第六感」，上帝可能給了他們平常人所沒有的感官系統。所以，「知」這個東西好像不只是權利的問題，而是人類生存和生活所必需的條件，假使要讓人生活和生存的話，他就必需「有權」去知。這個權利原本不必由新聞界來確定和鼓吹的。

「知的權利」的源起

知的權利，我相信提出這個問題提出來，不是神學家，不是他們講上帝給了你眼睛，給了你耳朵，你就可以知道這個世界；我相信也不是生物學家提出的，他們只能告訴我們，「知」是生物活的一個條件而已。

談到「權利」，也許是另外一群學者從政治的觀念來談；或者是從法律觀點來談，他們是講權利義務的問題。從新聞學的觀點來看，這個名詞的發生，是起源於「言論自由」、「出版自由」或是「新聞自由」。這些觀念，以往新聞界、出版界，或是大眾傳播界的人，在為他們的權利奮鬥、爭取時，他們提出的口號是「出版自由」、是「發表自由」，是「新聞自由」。這類自由最早是十七、八世紀的政治理論家、政治思想家在爭取民主自由時所提出的。最早提出的是發表的自由、言論的自由(freedom of speech)；後來就演變成出版的自由(freedom of the press)，這個名詞意指一種消極的觀念，就是一個人的言詞不應該加以壓抑，讓他自由發表；出版也是一樣，就是政府，或是任何權力當局，不能禁抑別人出版東西。後來學者們發現，這樣的自由是比較消極的，換句話說，政府不禁抑你說話，不禁止你出版刊物，對我們知道外在環境的變化、知道與我們生活、生命有關的事情，也不一定有幫助。所以後來就發展一種新的自由的觀念，就是新聞自由或資訊自由(freedom of information)，就是我們不僅應享免受政府限制的自由，而且要有追尋資訊的自由。換句話說，政府不僅是消極的禁止解除，還應積極地把資訊開放。

新聞自由的基本根據是認為，人有知道的權利，這個名詞是起源於美國，特別是美國國會，國會還通過維護free information 的法案，甚至還有專門管 information 的委員會，這個委員會的目的何在？法案的目的何在？就是認為政府不只是不可以壓抑言論，還要把公眾事務、政府操作的資訊公開。這是人民、或者大眾傳播與政府之間關係的一個觀念。所以，要談到知的權利，它的目的是人民對政府的事情有知道的權利，因為人民是受政府管的，被統治的人對政府怎麼樣管他們應該知道。

「知的權利」這樣的一個觀念現在很流行，而且新聞界把它運用於操作上，也把它拿來當作他們爭取業務上便利的一個口號。但是今日「知的權利」的推行是否達到了當初所想像的目的？換句話說，我們對這些權利用目前這種方式行使，是否讓我們真正知道了我們所需要知道的東西？

為了解答這問題，先對「新聞自由」這個觀念加以檢討，因為「知的權利」是根據「新聞自由」觀念而來的。新聞自由，大體說起來，可能包括兩部份：一部份就是意見的自由，一部份就是報導的自由。「意見的自由」的鼓吹者認為：一個社會上大家有不同的意見，讓各種不同的意見自由發揮，不加限制，各種意見就可以形成一種互相抗衡、互相協調，而達成一種比較合理、能為大家所接受的意見，根據這些意見所做成的決定，才是比較健全的決定。

至於報導自由，它的理論根據是什麼呢？就是認為對於新聞界在報導新聞時不加以限制，就能夠把社會上的事情，或者把人們環境中情況相當正確地報導出來，而能夠讓大家對環境有清楚的認識，讓社會上的人能夠做比較健全、比較好的決定，或者能對政府做比較正確的評價，或者對政治人物做比較好的選擇。

意見自由理論面對挑戰

這兩個理由是根據兩個很基本的假定。關於意見自由，它的假定就是只要政府不加以限制，讓大家發表意見的話，人民就可以把他的意見發表出來，而且他所發表的意見能夠被大家聽得見。這個基本的假定在提倡發表自由的先賢們所處的時代，可能是相當有道理，而可成立的。

但是在今天則受到很大的挑戰，為什麼呢？在現代的社會中，一個人要發表意見，在大多數的情況下，是意見發表不出來；即使他發表出來，別人也不見得聽得見，因為現在社會愈來愈大，人與人之間的溝通，人與人之間的傳播，已經不是靠面對面的傳播了，要靠大眾媒介。換句話說，在現代社會裡，假使一個人沒辦法利用大眾傳播媒介的話，他的意見便無從發表，即使他意見發表出來，也沒有人聽得見。現在能夠發表意見的是什麼人呢？是能夠控制媒介的人，能夠利用媒介的人。媒介和我們一般人已經脫節了。我們現在所發生的困難，就是一般人怎麼樣才能「攀登媒介的邊」(access to the media)。你能夠攀上媒介的邊，你的話才能被人家聽得見。這便產生了傳播權利問題。

上述假定之所以不存在，原因之一在於媒介的經營方式。今天講的完全是指非共產世界。在非共產世界裡，大眾媒介的經營，是採企業式。企業式的經營是規模愈大愈好。這種經營方式不幸被馬克斯主義者所言中，變成以大吃小，形成壟斷。像美國、英國的大眾媒介都有這現象。

美國有個報業大王，有一年他太太過生日，他給他太太的禮物，是買了一個報團送給他太太，不是買一家報紙，而是買一群報紙。

美國有三家大的電視系統。這大的電視系統，不只是有廣播電視，它可能有出版公司，可能有石油礦，可能有航空公司，可能有輪船公司，換句話說，它變成一個十分大的企業，大眾媒介只是各種大企業中的一支。譬如《紐約時報》是一個很有名的報紙，它也是一個大企業，它有報紙、雜誌、出版公司，可能有油礦，或者其他東西。當大眾媒介變成大企業的時候，它會為什麼人說話呢？它會不會為大學生講話呢？會不會為教授們講話呢？教授們的意見假使和企業界的意見不太一致時，是不是會出現在媒介上面呢？當然，也許會出現，由他們「施捨」一點地位給你。假使一位大學教授他很有名，他們的文章很多人想讀，也許會登出來。但是，假使這個意見和它整個政策不相符的話，它也不會登出來。所以，大眾傳播媒介的意見，大致說起來，是比較傾向於代表大企業的。

所謂「自由的意見市場」是不存在。國外是如此，國內又如何呢？

我時常懷念我的老友張任飛先生，他很相信「新聞自由」，他很相信：「沒有人限制我，我就可以把話說出去」，所以他辦了一份雜誌，結果辦得很辛苦。我還想到臺灣的一份雜誌，叫《人與社會》，是一群大學教師辦的，他們有很多意見要發表，這些意見也正是我們社會所需要的，但是出到中途就斷了。

報導自由假設不存在

再談報導自由的問題。報導自由也有一個很大的假定，就是政府不加以限制，只要你去報導，大眾傳播媒介就會把世界上之萬事萬象報導得很清楚。但是這個假定是否存在呢？這個假定當然也不存在。原因相同，因為大眾傳播媒介變成大企業了。大企業的經營方式採取企業方式，就是找市場導向，即其產品要像商品一樣，要能夠找得到消費者，要能銷得出去——使銷路增加，收視率提高。

這樣的情況下，我們無法期望大眾傳播媒介所報導的事情，就是我們所應該知道的事情；換句話說，大眾傳播媒介在爭取知的權利之後，政府可能開放一些東西讓他們知道，政府官員也時常舉行記者招待會，政府開會時請記者參加，但是他們所報導的，是不是伸張了我們讀者、聽者、觀眾的權利呢？可能相差很大。

我前些日子拜讀到我的同事鄭瑞城先生一篇文章，我想把這篇文章向各位宣讀一下，因為他這段話比我剛剛說的有系統。鄭先生在《聯合報》行憲日特刊中所刊〈符號事實與客觀事實的契合〉一文中，有下面一段話：「那麼大眾媒介是否能夠正確而完整地展現社會的客觀事實呢？要探究這個問題，須先瞭解大眾媒介的運作本質。大眾媒介具有那些主要的運作本質呢？第一，大眾媒介只是社會系統中的一個次系統，常受制於社會其他更強大的次系統，尤其是政治的和經濟的。第二，它通常具有行銷的傾向，有時候須遷就閱聽人的所好，而須突出或抑低某些客觀的事實。第三，大眾媒介的工作者可能免不了一般人所具的主見，而在媒介組織機構的文化薰陶下，可能更加強其主見。第四，這些工作者可能因諸種條件的限制，無法深刻體認或目睹客觀事實，或在時間的壓力下，無法滿意的澄清客觀的事實。第五，大眾媒介用以展現客觀事實的資源，通常受到拘限。大眾媒介原始且主要的功能，是在透過各種傳播符號，如語文、聲音或身體語言，來展現社會的客觀事實。但因受到諸種運作本身的限制和影響，這個符號體系就時而表現以下的事實：強化社會主導勢力及既得利益團體，抑制邊際勢力及團體，誇張犯罪、色情、違常事件，湮沒社會正常的資訊，提供大量與客觀事實毫無相涉的娛樂、虛幻的訊息。新聞報導簡略或殘缺，並且張冠李戴，產生錯誤等等，因此，如果以較嚴格的標準來看大眾媒介所表現的符號事實，實際上，難以正確而完整的展現社會的客觀事實，不管是在鉅觀的層面，或者是微觀的層面。難怪有些傳播學者說，大眾傳播媒介是社會的一面鏡子，不過只是一面哈哈鏡，有時擴張，有時壓縮，甚至於扭曲了社會的真象。」這是鄭先生對大眾傳播媒介一個很大的假定，認為給他們報導自由，就可以伸張知的權利，讓社會上的人都可以知道生存與生活所需要的知識，所提出的挑戰。

新的觀念——傳播權利

本來新聞自由是要促進民主的，但是新聞自由在促進民主政治方面的功能，好像已經衰退了。我時常這樣說，在新聞史中，十九世紀以前，是我們一般人怎麼樣爭取自由的歷史，但在十九世紀中葉以後的新聞史，就是我們如何喪失我們自由和權利的歷史，這裡面包括知的權利，同時包括說話自由的權利、意見自由的權利。換句話說，這是新聞自由觀念實行以來所造成的弊端，如何挽救此一弊端呢？所以，我們可能要提出一個新的觀念來：傳播權利——一個比知的權利更加積極的觀念。

知的權利可能是消極的，單方向的，我要知道，是消極的；讓我知道，我要知道別人，是單方向的；傳播權利則是雙方向的，不僅我要知道別人，我要別人知道我，讓我來知道，而且讓別人也知道。這話講得也不太清楚，有必要解釋一下，解釋的方式就是把它列舉出來。

傳播的意思就是雙方向的；傳播是人類社會所存在的一種運作，一個過程。社會能夠和諧的生存下去，就是因為份子之間有充分的傳播。這樣的東西，是我們與生俱來的一種權利，因此之故，假使有任何人為的或是制度上的阻礙發生，這個權利就會受到損害，大眾傳播媒介之出現，讓我們人與人之間的關係隔了一層，隔了一個媒介。這種媒介的存在，使我們權利受損，妨礙了我們推行新聞自由的目標——發展一個民主的社會。如果民主社會很難達到的話，我們當然要找個新的觀念來替代。所以傳播權利不僅要替代知的權利，我個人認為還應取代新聞自由的觀念。

那麼這個傳播權利包括些什麼呢？

第一、社會上的每個份子，他們的境況，有被社會上其他份子知道的權利。換句話說，我們社會上的人，有的境況好，有的境況壞，任何集團，其境況如何也應該有權利讓大家知道。換句話說，不只是讓我們知道別人，讓別人也知道我們，是這樣的一個權利。譬如說有一群人正處於非常無助的狀態、非常窮困、他受到虐待、或者他快接近死亡，我們更應該讓社會都知道。所以我們最近發起的非洲救災運動那群人陷入困境已經很久，直到有一個記者報導出來才為人所知，這就表示非洲那一群人的傳播權利沒有得到伸張。衣索匹亞人的旱災已三、四年了，假使傳播權利早點得到伸張，救災的行動可以早點進行，可能有多少人不會死亡。這是非洲的。就我們國內來說，我們的報紙上、電視上、廣播上，是不是對我們社會上各種不同階層的個人、集團，有沒有作充份的報導？工人如何、漁民如何、大學生如何？我們報紙當然報導很多東西，但是否很多人的境況沒被報導？我們時常批評，「報喜不報憂」，報喜是沒錯，但是否報得過分了？有些人境況是否報得太多了？這是蠻重要的一個權利。我們中華民國還算好，因為我們的民族不很複雜，有的國家的種族是很複雜的，如在馬來西亞、印尼的華僑，他們的境況被報導得夠不夠？

第二、無論是個人也好、集團也好，假使被大眾傳播媒介報導，他們的形象有不被扭曲的權利。整個說起來，大眾傳播媒介時常把社會上很多人的形象都扭曲了。比如我們報紙對婦女的形象有沒有扭曲？舉個例子，假使在教堂門口、醫院門口出現一個棄嬰的話，報紙記者看見了，甚至是一位女記者看見了，第二天報上登出來，一定是這樣登：那個狠心媽媽把嬰兒拋棄了？拋棄一個嬰兒好像男人沒有責任。不只是婦女，大眾媒介上警察的形象、對政府官員的形象、大學生、青少年的形象又如何？大眾傳播媒介還有一種很重要的傾向，喜歡加強一種刻板形象。本來社會上人與人之間都有不同的刻板印象，就是對各種不同的人有各種不同的成見，我們常說上海人怎樣，福州人如何，客家人怎麼樣，這種刻板形象在我們社會上當然存在。大眾傳播媒介時常會加強這種形象，這種形象當然是被歪曲了的，並不是真實的。我想社會上的個人、集團，其形象都有不被扭曲的權利。

第三、我們社會上的個人，其私生活與公眾無關的部分，有不被大眾傳播媒介報導的權利，這就是「隱私權」。這是「知的權利」中沒有包括的「不被知的權利」。我國報紙對這一權利侵犯的情形特別普遍。

第四、每個個人和每個集團，他們的意見，他們的期望，也有被社會其他份子知道的權利，這就是我們的意見，我們的看法，有被大眾媒介刊登出來的權利。這是很重要的權利，是比「言論自由」更加積極的一個觀念。後者無法保障「意見自由市場」的維持，前者則可確保真正的民主參與。

第五、各種不同品味的藝術家，都有使用媒介的權利。大眾傳播媒介中，不只是有新聞言論，還有許多娛樂材料，如戲劇、音樂、歌舞等，這類東西是有各種不同品味的。但是在目前情況之下，只有那比較流行的、比較通俗的品味，才能在大眾傳播中出現。換句話說，只有通俗藝術家可以利用大眾傳播媒介。而另外一些藝術家，那些品味比較高的，或比較特殊的，如古典音樂、古典戲劇、古典小說等則很難進入媒介，所以我提出過一個口號：「藝者有其媒介」，傳播權利中應包括這麼一條，各種藝術的人，都應有其媒介。現在民間藝術很少在大眾媒介中出現，只有文建會每年安排他們在青年公園表演，要看天氣好不好，若下大雨，則各種民俗活動都沒有了。為什麼對通俗藝術家，三家電視臺都在爭取，而其他藝術家就沒有呢？我想這是不公平的，也是不民主的。

另外，我們對於不同品味藝術的消費者，也應該受到大眾傳播媒介公平的待遇。換句話說，不喜歡通俗歌曲、戲劇、歌舞的人，沒有受到公平待遇。所以大眾傳播媒介應開放其地盤給各種藝術家，讓他們發揮，同時也應開放給我們欣賞者，讓我們能從媒介上欣賞我們所希望欣賞的藝術。

我想還有更多的傳播權利，各位也都可以把它加進去，原則只有一個，讓大眾傳播媒介變成大家的。使得大眾傳播制度能夠更加符合民主的精神。因為新聞自由的目的，就是要建立民主社會、民主政治，假使目前這種形式的新聞自由，這種形式知的權利的理想，沒有辦法促進民主社會、民主政治的達成，當然我們應該考慮一下要採取另一項新的途徑。所以，提出傳播權利的觀念，作為大家研究的參考。

伸張傳播權利的做法

應如何做才能伸張傳播權利呢？這可以分成三部分來說：

第一是政府方面。政府應該制定一個傳播政策。這個傳播政策並不是著眼於加強國際宣傳、加強政令宣傳，或是加強人民與政府的關係等等，我想基本的原則，應是如何來促進傳播權利。這裡面當然包括許多的問題，如制度、法令等問題，其基本的原則，不是壓制新聞自由或鼓吹新聞自由，而是促成廣泛的參與。

第二是大眾傳播媒介方面。大眾傳播媒介本身應該真正變成一個現代化的企業。我所謂的「現代化」的企業，是將社會利益看得和本身利益一樣重要。若顧著社會利益，應注意其產品，和其他商品一樣，要有可賣性，但還要有可靠性，還有其他。不只是賣得出去就好，還要有售後服務，提高品質。從此觀點而言，其他產品是滿足我們物質上的需求，我們希望大眾傳播的產品能滿足我們精神上的需求。什麼是精神上的需求？就是權利的伸張，就是使我們精神上解放，不受約束，讓我們知道得更多，知道得更廣，讓我們成為社會上受到重視的人，這是我們精神上的需求。大眾傳播媒介的產品，不應該完全以市場為導向，應該以提高品質為導向。所謂品質，就是改進我們觀眾、讀者、閱聽人的精神生活、目標及願望等。

第三就是新聞記者方面。因為我從事新聞教育，所以我對新聞記者蠻重視的，也認為人的因素蠻重要的。新聞記者如何呢？應給予他們職業上充分的自主權。因為新聞記者和工廠裡生產線上的工人不大一樣，也跟超級市場的算帳小姐不一樣，也跟機關裡的科長、科員、專員等人不同，他們每一個人都是生產產品的人。我們剛才說媒介的產品應提高其品質，這種品質應如何衡量呢？媒介上的言論、新聞、節目，應有一定的專業標準。專業標準在那裡找得到呢？在新聞系裡找得到，在新聞專科學校找得到，在大眾傳播科系裡找得到，在許多其他專業性的書刊裡找得到。換句話說，新聞記者通過正式或非正式的教育，已經培養出他們專業上有所為、有所不為的一些標準。那麼，當他們到大眾傳播媒介工作的時候，讓他們能根據他們的專業標準，自己決定做什麼，不做什麼，那麼這樣一來，報紙裡的記者、編輯，電臺裡的節目製作人，就不致於變成他們老闆的下屬人員，聽老闆命令做事的人。讓他們能夠根據專業標準所指示的原則來工作。這是我們新聞教育一個很大的假定，我現在發現這個假定也受到很大的挑戰。我們假定我們教育出的人，當他們去工作的時候，能夠根據在學校所學的專業精神、專業道德去做事情，現在我們發現這個假定受到挑戰。受過新聞教育在報社工作的人，是不是有充分的自主權？根據在教室裡所學習的、根據書本上所說的、根據在學校所討論的、根據我們新聞系的系歌所說的話做事情？沒有。老闆很重要，年終獎金很重要，什麼原因呢？沒有自主權。所以，為了鞏固其自主權，我相信新聞界編輯人員、採訪人員、評論人員、節目人員，要有一個公會或工會，這個公會也是他們自律的組織，公會要能保障他們的自主權。加入這個公會不容易，要有某種道德、某種專業的人才能加入這公會。加入公會之後，到媒介中工作，不能被老闆隨便解雇。我們希望政府能訂一條法令，不要訂記者法，假使要有記者法，只要一條，就是：大眾傳播媒介只能聘請記者公會的會員，那就不能隨便開除他，只有記者公會當他違反自律信條時才可以開除他。記者公會開除他之後，大眾傳播媒介即不能聘僱他。

當政府、媒介和新聞工作者三個主要方面都來為伸張全民的傳播權利而努力時，一個符合民主原則的媒介制度就有可能重新建立起來。

民七十五年四月一日《東方雜誌》，于趾琴紀錄

「知的權利」三困境

——兼論經革會的開放模式

我國大眾傳播界接納了西方國家新聞理論的傳統，非常珍視「知的權利」。這是指一般人民對於他環境中的一切「動靜」(happenings)，有權利知道，這是新聞記者為何被容許「打破砂鍋問到底」，去採訪和報導一切他們認為是「新聞」的事件。這樣一個原則，很難「有理由」適用於普通人的私人事件。因為一個普通人的私事，有權利不讓他人（尤其是大眾媒介的閱聽人）知道。所以「知的權利」是指人民有權利知道公眾事務中的一切動靜，及其原原委委。

但是，「知的權利」應用於公眾事務上，就不像在私人事件上那般困難，而能完全不致引發疑慮，暢行無礙嗎？

根據我們的觀察，疑慮可能產生。「知的權利」原則已面臨困難，至少在「知的真偽」、

「知的採集」和「知的範圍」三個方面，走入了困境。

知的真偽

大眾傳播媒介報導新聞以真實為至高準則。實際上，記者們大部分也十分重視真實。真偽問題的困難，並不在於記者的意圖欠妥，而是他們所報導的「事件」是否只是有意「製造的」，而非真正「發生的」？歷史學者布斯丁（Daniel J. Boorstin，美國國會圖書館長）於觀察美國大眾媒介的表現之餘，創造了「假事件」（pseudo-event）一辭，來指那些僅僅是為了好讓記者報導的新聞。世界上所以有這類事件出現，只是因為世界上有大眾媒介可以報導它們而已。

許多「塑造形象」（打知名度）、做「秀」和其他的公共關係活動都屬媒介競相報導的「假事件」。閱聽人「應該」知道這些事件，而信以為真嗎？

即使事件並非製造，而是真正發生了，當新聞記者行使他們爭的「採訪權」，而去為他們的閱聽人貫徹「知的權利」時，他們出現於現場，也可能把事件扭曲。新聞固然更加有聲有色，公眾利益卻可能因而受損。

譬如，當記者（尤其帶著電視攝影機）出現時：

——溫和的示威群眾會變得激烈起來，甚至形成暴亂。美國在六十年代有此經驗。

——會場中的發言者會更加激昂慷慨，（或變得更加禁抑——視議題為轉移）。這種經驗在臺灣很多。

——新聞人物可能抓住機會，把記者當作宣傳工具。不久前，綁架美國環球航空公司客機旅客的集團利用美國電視大作宣傳，就引起過一番討論。

這類事例顯示：這是「現場採訪」的困境。知識的採集方式可能扭曲知識的根源，進而扭曲歷史的軌跡。

知的範圍

關於公眾事務，人民「知的權利」傳統的範圍，是以不危害集體安全為限度。具體而言，在國防和外交兩個領域中，政府可以限制「知的權利」。

其他領域如何？從「橫」的方面來看，這是國家安全與個人自由如何界定的問題，不屬本文討論的主題。我們目前關心的是：公眾事務的整個過程——從設計、討論等決策階段，到付諸實施的執行階段，即使不涉及國防與外交機密，一切有關資訊都應該對民眾開放嗎？

根據「知的權利」理論，答案是「應該」。不過，從最近經濟革新委員會的經驗來看，似乎在這方面也出現一個「知權」困境。

問題是：記者出現在討論會場，可能影響到討論的品質。基本原因是上述第二個困境的存在。尤其在目前臺灣地區，一般民眾對大眾媒介的依賴（假使不是信賴）程度很高，而經革會的活動又被媒介作了超越應有程度的渲染，這使得與會人士特別「在意」記者的出現。趨於「多發言」、「多表演」的人士和趨於「慎言謹行」的人士，都因顧慮第二天「報紙怎樣說」，而變得更加各走極端。這自然不是平心靜氣、採多種不同角度、充分交換意見、實實在在形成決策的適當辦法。

「知的權利」是一個很美的觀念。上述三個困境也許不會發生，先決條件是：有一些倫理也能跟權利一般受到重視，得以伸張。譬如：公共關係人員的倫理，新聞記者和編輯的倫理，以及公眾事務人物（學者、專家、民意代表和政府官員等）的倫理。

倫理之外，也許還需勇氣。

民七十四年十二月一日《天下雜誌》

媒介前途與民主前途

當一家主要的報紙在繁榮成長中慶祝生日時，不只是令人想到這是代表一群新聞工作者堅毅努力的成就，而且會令人想起一個國家的整個新聞事業的發展歷史。在今天的臺灣，我們有一個壯大繁榮的大眾傳播企業，這一門事業，像「中國時報」這一家特定的報紙一般，更是一大群新聞工作者長期奮鬥的成果。

寫新聞事業歷史的人士時常說，新聞事業的歷史，就是一部新聞人員爭取自由，而且得到自由的歷史。這句話，在相當的程度上，適用於我國的報業發展史，因為我國新聞自由程度，到今天為止，大致上是與日俱增的。對於民主前途而言，這是十分值得慶幸的。

但是放眼看世界，在共產主義國家，新聞事業為政府的一部分，本身並無單獨的歷史，自由根本就被壓抑了，上述歷史軌跡之說是不適用的。在西方社會，自從十七世紀以來，爭取政治自由與爭取新聞自由的努力是無法分割的。不過當大眾傳播在自由沃土中自行發展成為「第四階級」之後，新聞自由並不意味著普通公民可以得到什麼自由。相反地，一個普通公民接觸資訊，利用資訊，提供資訊，和表達意見等等的自由，卻隨著大眾傳播媒介的日益壯大，而日益受到限制了。我們擔心未來歷史學者要斷然說，西方國家大眾媒介發展的歷史，就是人的傳播自由一點一滴地淪喪的歷史。

這樣一種憂慮引發人們一個更加嚴肅的關懷：傳播媒介以現在這種形態繼續發展，再加上傳播新科技的採用，對於人類的民主前途究竟有什麼涵義？

悲觀主義的警告

悲觀主義者已經提出警告。他們相信，無論國際或國內科技永遠是站在強者的一邊的。因為擁有和使用新的設備都必須先有足夠的資源。即使在今日，高速捲筒印刷機、運報的卡車、傳統的電訊設備等，就已經把媒介的擁有和經營，限制在少數富有集團手中，而形成了弱小國家和普通公民無法「攀登媒介的邊」(access to the media) 的問題。比捲筒印刷機和無線電發射器等更加昂貴的新傳播設備或全新的媒介系統，必定將使媒介跟大企業和「統治階級」結合得更加緊密，離草根民眾更遠，而恰好符合新舊馬克斯主義者的指控。

悲觀論者不僅相信未來的資訊機器將繼續被大企業所獨享，而且新機器的使用，由於具有特殊性能，將用前所未有的方式，來阻礙民主的程序。

第一是透過個人資料的搜集而來產生影響。電腦的應用已經使得搜查個人資料變得非常便捷，且能很容易集聚在資料庫中，而又可用快速方法把它們調出來使用。這是對個人隱私權的一大威脅。在政府機構，如戶政、稅務、保健等單位的資料庫中，固然收集有普通民眾的個人資料，就是零售店如超級市場，也已變成個人資料的搜集者。例如美國有家「資訊探源公司」(Information Resources Incorperated)最近創設了一種叫做「行為掃描」(Behaviorscan)系統，對不同背景的消費者供給不同的卡片，在超級市場出口處通過掃描計價之時同時使用，藉以測量廣告訴求的效果。將來當雙向的有線電視與電讀系統普遍建立時，一個人傳播行為的私密，也將像他的政治與消費行為一般，無所遁形了。

這不是很接近歐威爾筆下的「老大哥」無所不在的世界嗎？

可怕的瞄準能力

另一項悲觀論者的憂慮是：由於一方面個人隱私被撤除，一方面媒介「瞄準能力」增強，一般人更加容易變成政治宣傳或商業廣告的獵物。所謂媒介的瞄準能力是指在新媒介上的宣傳訊息，可以針對（「瞄準」）宣傳對象個人的特性而設計，並在同一媒介同時分別向不同的特定目標（即讀者、觀眾或聽眾）而發出。「市場區隔」理論乃能相當徹底而精確地付諸實行。這就是說，甲、乙兩家看相同的報紙或相同的電視節目，他們儘管住在同一公寓大樓，但由於各具特性（因隱私權喪失而透露的），他們在報上或電視上所看見的同一產品（或候選人）的廣告，卻完全互不相同。資訊操縱變得專精，人民就很難作自由和自主的選擇了。

無害於民主程序

當歐威爾式的預言不斷產生回響之際，另外認為媒介前途將與民主前途並行而不悖的看法，也很盛行。

這類的樂觀主義者基本上認為：新的傳播技術可能使目前大眾傳播系統下的資訊生產規模龐大、權力集中、單方向傳遞的局面，完全改觀，這對於民主程序的促進，是很有幫助的。

新的傳播媒介將以有線系統為主。光纖電纜與電腦的結合使未來的（實際今天已經達到這境界）有線電視和有線電讀(videotex)把傳播主動權交還給閱聽人，閱聽人再不必坐著靜待大眾媒介來「配給」資訊與娛樂，而可以在自己所決定的時間，索取自己所真正需要的娛樂、新聞或資訊。樂觀人士相信，目前這種互動系統在好些國家的實驗式的開放（特別在美國），似乎還沒有受到廣泛的接受，而遭受一些挫折，可能只是因為目前費用過份昂貴所致。譬如在法國，由於電讀設備為免費供應，雙向的電讀便發展得異常迅速，正在逐漸變成一般家庭標準「家電」用品之一了。

有線媒介除了可以滿足各種特殊興趣或品味的閱聽人集團之外，在樂觀人士看來，也是一種理想的小社區媒介。社區有線電視普遍之後，當可抵銷集中於大眾媒介系統中的強大權力，而有助於伸張地方的傳播權利。

另一個樂觀理由

對未來傳播科技懷有樂觀展望，認為有利於民主前途，是根據另外一個更基本的理由：以新科技發展出來的資訊產品或機器，不只是越來越小巧，越來越容易操作，而且越來越價廉。當資訊的獲取、資訊的加工與複製、資訊的檢索、資訊的傳送，將因「小機器」普遍，而可在一般家庭中進行之時，資訊的壟斷和控制，就將變得很困難了。蘇俄和其他東歐國家，對於發展民用的傳播新媒介（包括電訊與個人電腦），今天仍躑躅不前，似乎就是害怕動搖集中式的資訊控制，進而危及它們的反民主的政治制度。

中華民國報業發展迅速，正逐漸接近高峰，主要報紙跨過尖巔之後，可能必須作超越媒介界線的躍進——從印刷而電子。政府似乎也正在考慮引進新媒介的建議。我們檢討新媒介所採用的科技對民主程序影響的兩類看法，似乎可供制訂媒介政策的參考。中國的報紙在促進民主程序方面，已有過重大的貢獻，但是新的傳播媒介顯然對於民主前途，既可形成危險，也可提供機會。鑑於科技是無法阻止的，新媒介必定將「壓境」而來，今天的問題似乎不是為了怕危險，來怎樣阻止它，而應該是研究用什麼方法來接納它，以促進民主程序，並妥善利用新科技所提供的機會，協助開拓民主前途。

民七十五年十月二日《中國時報》

「政治溝通」也要講求「溝通倫理」

今天我們討論的主題是政治溝通。「政治」不是我的本行，也許只能就「溝通」問題表示一點淺見。近些年來，溝通在國內各行各業中都受到重視，不只是政治界在大談溝通而已。不過，從研究傳播的人來看，政治就是一種傳播的過程。今天流行的「溝通」一詞，就是我們傳播研究者所說的傳播。英文中這兩者都叫communication。

溝通者亦有道焉

溝通或傳播既然在國內突然受到重視，使我們感到孔子所強調的「巧言令色鮮矣仁」的時代早已消逝，大家都在利用各種方法加強傳播活動，來發揮影響力量。今天的現象是，各種各色的傳播或溝通技巧都已被我們國人在充分使用。從極右的納粹傳播頭子戈培爾的方法，到極左的共產黨人的洗腦伎倆，再加上資本主義社會，特別是美國「麥迪遜大道」廣告及行銷策略與技術，當然再加上我們自己的一套傳播手法，都被我們社會廣泛利用，以便說服別人影響別人，而達到自己的目的——商業的、政治的，甚至宗教的目的。今天我們一般人，是處在各種宣傳攻勢之下，「溝通」活動的旺盛，「溝通網」之嚴密，誰也沒有辦法逃避。

國人學習傳播或溝通的技巧，的確學得很快，但是對於溝通的倫理，則學得很慢。這顯示，一般溝通者，時常是為了達到目的，而不擇手段。「溝通」是我們這兒一個被美化了的名詞，其實「溝通者亦有道焉」。換言之，用溝通以達成和諧是美好的事，但是溝通者如不顧溝通倫理或道德，也許可以達到自私的目的，要想達成與別人和諧相處則是緣木求魚。

我認為這是今天我們社會在「溝通」上的一個大問題。我們檢討目前這種形式的「政治溝通」，如果認為沒有產生效果的話，似乎也可以從這個觀點來探究。換言之，今日的政治溝通問題，是不是跟其他行業的溝通問題一樣，主要地也是一個倫理問題？我們是不是也可以用批評廣告、批評某些傳道活動，或批評大眾媒介的某些表現時所根據的傳播倫理，來檢討我們今天所看見的「政治溝通」？

我非常同意溝通是必需的，即使需要暫停一下，將來仍應恢復進行，基本上政治是傳播過程的一種。如果沒傳播或溝通，政治就不存在了。如果政治活動人士不採傳播過程，那就必須使用非和平的手段，而要革命或侵略了。

為什麼最近的政治溝通瀕臨失敗邊緣，個人從傳播觀點看，認為有三個主要原因：

溝通訊息要明確

第一在傳播目的方面：雙方傳播者想達到的目的差距太大，即執政黨和無黨籍人士對其傳播所期望的結果相差太遠。傳播成功的條件是建立「共同性」，目的差距大，無法「交會」，共同性即難形成。

造成雙方差距的原因是雙方對自己政治資源的估計都可能太高，超越現實。因為政治問題是一個權力分配問題。在政治溝通中，雙方是根據對自己政治資源的估計，來索取或保衛自己的政治權力。如果估計失實，要索與保衛都會與現實情況不符，無法取得對方的同意，甚至無法接近妥協，「共同性」無法建立。雙方是不是應該用較符現實的方式來重估自己的政治資源，並重新釐訂溝通目標，返回會商桌上來呢？

第二個失敗的原因是，雙方的溝通訊息太過模糊。成功的傳播必須要有明確的傳播訊息做為基礎。

來來飯店餐桌上的溝通，只是傳播的一部份，是較具「形式」的傳播而已。其實雙方的政治溝通同時不斷在會議桌外進行。而在不斷進行的溝通過程中，雖然口號喊得很多，但事實上訊息並不明確，發出訊息者是許多個人或其所屬集團。他們似乎各說各話，沒有共同論點，我們不知道餐桌上的溝通者有沒有把他們陣營中的不同論點，組合成了一些明確的訊息？從宣傳品中訊息的分歧甚至矛盾來看，加以組合是十分困難的。

第三是大家過份重視溝通技巧，而忽略傳播倫理。溝通有如一把利刃，用得妥當，可以產生建設性的結果，用得不當就會傷人，造成災禍。

溝通倫理三規範

我所說的傳播倫理，至少應該包括下列規範：

一、不用傳播（或溝通）來掩護其他的政治手段。大家提到有人可能利用溝通作「秀」，就具有掩護性，這是不道德的。

二、傳播時可以積極鼓吹自己的主張，但是對於對方所提出的證據與論點的可靠性，不應一味抹殺，這就是對別人觀點應該尊重。

三、在提供資料為自己辯護時，應該顧及資料的正確性、完整性、和平性。在傳播過程企圖矇混是不道德的。

今日的政治溝通者，似乎應該檢討一下他們的表現，是否有違上述這一類的傳播倫理。如果溝通效果不彰，是否為倫理的缺失所造成。假使政治的過程就是傳播的過程的話，則傳播的倫理就該是政治倫理的一部份了。

此外，我還想順帶提一個具體建議，為了降低緊張狀態，在未來「政治溝通」進行時似乎可以採取美蘇關係「低盪時期」，雙方宣布停止宣傳，認真在會議桌上談判。假使執政黨與無黨籍人士在雙方的一切「文宣」活動停止，比較寧靜的氣氛下進行「餐桌溝通」，大家可能會冷靜下來好好商量。

非語文訊號溝通

傳播或溝通並不一定要僅靠語言文字，行為也是一種訊息，如果雙方在行動上都能有所表示，譬如政府在政治措施上做某些改革行動，並不需要文字宣傳，也就是很有效的訊息，而無黨籍人士也可採取一些較符合共同目標的實際行為，大家也都有目共睹，而會寄以同情和希望。大眾傳播媒體似乎應該來鼓勵大家充分利用這種「非語文的訊號」來作政治溝通。

民七十五年八月十四日《聯合報》

報紙怎樣才能成為公眾論壇？

中華民國的報業經過三十多年來在許多人為限制下艱苦發展之後，即將進入一個比較自由的生存環境，同時，施展肌肉、發揮更大潛力的時代也突然來到了。

報界面臨這一新形勢，大致上似乎頗為興奮。但是對於新形勢中所可能出現的新挑戰，我們也察覺報界中已出現了好些調適行動。一個大眾媒介自由市場的衝擊，在它尚未出現之前，就已經有人感覺到了。

自由報業建設民主社會

對於整個社會而言，自由報業突然出現，儘管可能帶來一些適應上的痛苦甚至損傷，但這仍舊是一個福音。因為一個自由報業是建設一個民主社會的一大先決條件。

報業自由所以會跟政治民主緊緊地聯結在一塊，是根據下列的「理論」：只要政府對於報紙（和其他大眾傳播媒介）不加任何限制，而讓它享有充分自由時，它就將變成一個社會所有成員展現意見的園地，形成一個自由的意見市場，有助於意見的充分協調，進而促成符合公眾利益的健全決策。

不過，我們在接受這個「理論」時必須特別謹慎。因為從西方「先進」國家的經驗來看，把這個「理論」推展到實際體制中時，它卻沒有在真實世界按照理論的預言而工作。實際情況是：大眾傳播媒介雖然享有免受政府限制的自由，但許多「有話要說」的社會成員，卻有無法「攀上媒介邊緣」(access to the media) 的困難。他們缺乏通道可把要說的話說給社會其他成員來聽。越是缺少資源的人，這種困難越是無法克服。

報業自由並沒有帶來一個「意見的自由市場」，乃是西方媒介批評者抨擊他們媒介制度的主要論點之一。對於我們，這應該是前車之鑑。換言之，我們期望自由的報業成為一個「公眾論壇」，不會必然如願。確保這個理想的實現，基本上有賴政府制訂一套符合真正民主精神、擴大民眾參與的媒介資源的公平分配政策，而付諸實施。這一問題不在本文的討論範圍。

不過，一家真正崇信自由的報紙，不待國家公共政策的規範，仍舊大有可為，來把自己變成「公眾論壇」，協助在我國實現西方社會所渴求而未能如願的媒介的發表自由與民眾的言論自由成為一體的理想。

報紙如要變成公眾論壇，就是應該開放其篇幅，充分表達民意，而不僅僅連篇累牘為報紙自己的主張或立場來作辯解。

民意三組件：共識、主張、民心

「充分表達民意」是一個抽象觀念，怎樣才是「充分」表達「民意」，很有必要作一些較具體的探討。這種探討似乎應該從什麼是「民意」來開始。何謂「民意」，眾說紛紜。政治傳播學者丹・寧莫(Dan Nimmo)認為民意是三個組件的綜合，意義十分具體，他的說法可能比較適合用來作為本文探討的基礎。寧莫所說的民意三組件是：

一、單一的意見　這個組件是一個國家甚或任何政治實體經過歷史發展，長期演進甚至艱苦奮鬥（包括流血）而形成的，對於國家體制、目標、和達成目標的基本手段的「共識」。共識表現在政治文化中，更具體地表現在建國的重要文獻（如憲法）和立國主義中，它是單一的。一個國家或政治實體，由於有這個「定於一」的公眾意見，所以才能誕生和繼續生存。

二、少數的意見　一個國家內包含有許多利益或興趣不同的「公眾」(publics)。每一個

「公眾」對全體民眾而言，都是少數 (the few)。這一組件的意見雖然出自少數，卻是十分有組織的，而且聲音最響亮的意見。它們「主」觀性很強，而且彼此可能衝突，必須進行強烈的宣傳和說服，各自求取「張」揚，產生影響。我們可以稱之為「主張」。

三、多數人的意見　這是「大眾的意見」(popular opinions) 傾向，代表一個社會中一般的、眾多的成員對公眾事務的觀點。我們語言中「民心」一詞頗能恰當描述這個民意的重要組件。「民心」通常並不顯著，沒有人為它而鼓吹，只有在自由選舉中或國家出現危機時，才會顯現出來。在重視民意的國家，還時常用嚴謹而中立的民意測驗來顯露「民心」。

採取恰當做法反映民意

我們瞭解了民意有那些組件之後，就可推究報紙和其他的大眾媒介應該怎樣處理它們內容中的意見部分，以妥切地反映「民意」，而成為一個社會中的公眾論壇。

中華民國報紙的篇幅即將解除限制，而可望增加一倍，所以今後報紙必將有更大的空間來容納意見或言論。為了充分而恰當地反映「民意」，似可採取下列的作業方式：

第一、對於「單一的」全民共識，報紙應該時刻不忘把它彰顯出來。具體而言，報紙本身的意見固然必須遵從憲法及其他立國原則所代表的共識，而且應該時刻向社會強調民意中的這個最高級的組件，並促請全社會遵從。

第二、對於中級的「少數的」主張，報紙必須警覺其主觀性、侵略性、和相互衝突性。報紙應該反映它們，但在反映時必須維持平衡，給各種不同利益集團公平的機會，佈露它們的主張。必要時，還應向讀者公正地評析出現於報紙上的各種主張。

第三、對於基層大多數民眾的意見，報紙負有無法推脫的職責，應把它們充分顯露出來，因為多數民眾是不會主動宣揚他們的意見的。報紙只應該協助他們解決「攀登媒介邊緣」的困難，在大量登載讀者投書之外，尤應由記者去積極探索「民隱」。我國報紙近年來時常作大量訪問式的採訪，與民意測驗類似，這一類的努力值得進一步加強。財力雄厚的報紙應該有計畫、有系統，而且定期地為重大的公眾問題，舉辦嚴謹的民意測驗，以補目前我國在這方面尚未建立完美制度的缺憾。

總之，報紙如能對民意三個組件——共識，主張、和民心——用足夠的版面，採恰當方法，分別作前述方式的處理，相信必有可能變成一個民主社會所需的「公眾論壇」。這個自由報業所追求的理想，就比較容易達成了。

民七十六年九月十六日《聯合報》

記者的地位、權力和能耐

值此九一記者節，目前我國新聞記者所面臨的三個重要問題，似乎值得作一番討論。這三個問題互有關聯，但可以分別探討，它們是：記者的地位為何？他在一個新聞機構應享有什麼權力？他應該具備一些什麼能耐才足以應付職務上所面臨的挑戰？

記者的地位

新聞記者在他所服務的社會究竟居於什麼地位？臺北的新聞界對這個問題在民國四十一年曾展開過一場相當熱烈的辯論，這場辯論是由臺北市編輯人協會舉辦的「新聞記者法筆會」而引起的。那次討論以民國三十二年二月二十五日政府所公布但迄未實施的「新聞記者法」為對象。參加筆談的人士大致分為兩派，一派相信新聞記者這門專業與律師和醫師類似，他們的身分應該用法律來確定。另一派認為記者很難被視為與律師及醫師相同。他們指出，記者與律師、醫師的主要不同點是前者是為僱主工作，而後者可以自行開業。前者除了對社會負有責任外，還要向僱主負責並領取僱主支付的薪水，並非「自由職業」，後者則自己便是老闆，可以說是「自由職業者」。所以第二派人士多半反對在法律上（即用記者法）給新聞記者一個特殊的身分。

筆者比較贊同第二派人士的看法。理由之一固然是記者很難被認為自由職業者，另一主要原因則是：在我國新聞事業可為民營，亦可為政府經營。今日民營新聞事業佔大多數，但也有政府（省府、國防部及警署等）經營的報紙和廣播電臺，這種官、民營的混合制度無疑將繼續下去。在政府所辦理的新聞機構中工作的新聞記者，具有政府官員的身分，為他們規定一套與民營新聞事業從業人員相同的特別法定條件與權益，是很困難的。

至於新聞記者是否必須具備特殊的法律地位才能有效地發揮功能嗎？則也未必。美英兩國新聞記者並沒有特殊的法定條件，也沒有享有特別的法定身分或地位，但他們卻是世界新聞圈中最活躍和影響力最著的一群。這似乎說明了記者效能能否充份發揮，和他有無特定地位並無關聯性。真正足以決定新聞記者能否充份發揮功能的，在客觀方面，有兩個因素，第一是他所服務的社會的開放程度的高低。社會越開放，越有利於記者的工作。第二是記者所服務的單位是否給他夠大的自主權力，讓他自己決定報導什麼，和怎樣報導。在主觀方面，則是記者本身的能耐。

在一個開放的社會，一切與公眾事務有關機構的作業，原則上都是公開的。在這類社會中，新聞記者並被賦予一些便利於他執行職務的特權，如採訪的便利和消息來源保密權等。不過消息來源保密權近些年來在「新聞與司法的衝突中」受到嚴重的挑戰，再也不是絕對的了。（這也許是新聞界權力過份強大而引起的一個反動。）

在這樣一個社會中，如再加上新聞機構的主持者願意把足夠的自主權賦給他的編採及評論人員，而這些人員又有足夠的能耐來行使此一權力的話，新聞記者即使缺乏法律上的特殊地位，也照樣可以發揮他的功能。

記者的權力

所以，讓我們進一步採討新聞記者在他所服務機構中的權力問題。

共黨對西方世界新聞事業的最常見的批評是：在資本主義社會中，享有新聞自由的不是一般人民，而是擁有新聞事業的資本家。這種指控的真實性如何？在報業所有權集中趨勢日益加緊的美國，共黨的批評的確有幾分「不幸言中」。因為新聞事業（包括報紙、廣播、電視和其他出版業）的單位，愈來愈多遭受兼併，形成大報團，並且被囊括在更大的「關係企業」(conglomerate)之中，「老闆」越來越少，而每一老闆所控制的事業則越來越龐大，在這種情況下，個別的編採和評論人員的自主權力則越來越小。伊里諾大學教授姜斯頓(John W. C. Johnstone)的一項研究顯示：新聞事業的集中傾向，已使美國新聞人員對自己工作的滿意程度減低，原因是他們的自主權力正在減小。姜斯頓調查了一三一三名美國新聞界的編採人員，發現新聞機構越大，新聞人員享有的自主權越小。（見《新聞學季刊》五三卷第一期，一九七六春季號。）

即使我們不理睬共黨的指控，新聞人員的專業理想和訓練，由於聽命於「老闆」而無法充份發揮，我們也應認為這種新聞事業很難符合民主社會對它的期望。在歐洲，已有好些國家產生了「記者權力」(reporter power)運動。這個運動在巴黎的《世界報》(*Le Monde*)已大有成就，記者爭取得選舉社長、參加董事會，和參加決定新聞預算等重要權力。

目前我國新聞記者在機構中享有的自主權，相信不會比他們的美國同業更多。機構越大，編採和評論人員的權力可能越小。根據筆者個人的經驗，近年來國立政治大學新聞系畢業學生中，抱負較高的，在選擇工作時，有「寧為雞始，不為牛後」的傾向。他們寧願進入一家規模小的雜誌，而捨棄參加大報的機會，即使後者待遇較高。

新聞記者經過專業教育和訓練，在決定大眾媒介的內容和表現方法時，無疑會比「老闆」較能擺脫新聞機構或機構所代表的大企業的利益的考慮，而更重視專業精神和公眾利益，假使他們失去自主權力，而必須聽命或「捉摸」發行人或總經理的意向的話，則新聞事業很可能淪為私人利益的工具。

所以，新聞記者在他的機構中享有足夠的自主權，是新聞事業健全發展的一個重要條件。

記者的能耐

一個新聞記者在他所服務的機構享有足夠的自主權後，他還必須具備記者的能耐，才能充份和妥善地使用自主權，而發揮記者應有的功能。

這裡所說的「記者的能耐」可分為兩類：一是能力，一是認識。能力包括使用工具（文字、語言、麥克風或攝影機等）的技巧，和報導與評論新聞事件應該具備的知識；後者又包括廣泛的一般知識和記者專門範圍所需的專科知識。這些能力的重要性顯而易見，不必多加說明。

這裡所說的「認識」，是指新聞記者對於他的專業的性質應該具有的體認。具體而言，對新聞專業的體認內容應該包括：一、中外新聞事業發展過程中所表現的自由傳統，二、新聞事業的社會功能，三、新聞事業對群體與個人所可能發生的影響，四、新聞事業對個人、社會、國家的道德及法律責任，五、新聞記者個人操守的重要性……等。

目前我國新聞記者能耐的一般景象似乎很陰暗，人員素質良莠不齊。固然學識能力都佳，富於專業精神的人士頗為不少，但缺乏基本專業訓練素行不良的份子，也有很多混跡於各類新聞事業的各個階層，給了社會一個很壞的印象，形成對新聞事業威望及可信度的一大打擊。這可能是今日我國新聞界急待改進的一個缺點。

近年來有些主要的新聞單位在錄用新進人員時，似乎忽略了記者能耐的完整性。換言之，這些機構在招考記者或編輯時，只是試測職業能力，而不重視投考者的教育背景，對新聞事業有足夠認識的新聞科系畢業生沒有被列入優先考慮，對於新錄取但缺乏專業認識的人員，又不施以完整的在職教育以培養專業精神。新聞界先賢們所立下的優良傳統將怎樣繼續，頗令人擔憂。

假使爭取自主權力是編採人員們應該努力的方向的話，則增進工作人員的專業能耐當屬發行人和總經理們的責任。我們願這兩類人士分頭加緊努力，殊途同歸，合力促成我國新聞事業的真正進步。

民六十七年九月一日《東方雜誌》

記者自主權的建立

塑造形象(image building)是西方宣傳家的一項伎倆。我希望「建立記者新形象」這句話只是一個比喻詞句，而不是表示要用虛偽的宣傳為新聞記者在大眾心目中捏製出一個好印象。因為假使今天社會一般民眾對記者有任何不良印象的話，新聞界應該做的事不是發起一次宣傳運動，擺出一些姿態，以改變人們對記者的原有觀感，而是採取實實在在的措施，把記者的品質和地位提高起來，達到專業標準。

為記者塑造形象大異於為肥皂、汽車或政客做廣告。把「象牙牌肥皂」塑造成為「賢妻良母」的象徵，把「卡德勒克」塑造成為富豪座車的形象，都可依靠宣傳伎倆，競選公職的政客也是能夠用宣傳手法捏造出一個「好形象」，而向選民推銷的。一個新聞記者要贏得尊敬和信任，則要靠他經年累月用行為與工作的表現，來證明他達到了專業標準。我國記者的專業標準在三十年前就已寫在「中國新聞記者信條」裡，是非常明確的。所以，對於新聞記者實在不再需要什麼新形象，只須把中國記者信條這套老規律實現，記者的品質就必可提高。實現的途徑可從下列四方面進行：

一、新聞機構用人應該品德和學能並重。今天一般新聞機構的用人標準似乎偏重於工作能力與知識程度，大致採取某種方式的考試來選取學能較高的求職人員，品德如何則很少詳加考查，甚至也不重視是否受過新聞專業教育，有無專業素養。平日對工作人員的考核，操守紀錄也常被漠視。由於素行不良而被開除的情形在新聞界似很少見，不少德行敗劣分子便混入了進來，而繼續待了下去。

二、給記者合理的待遇，而且不令兼辦業務。待遇不合理是無法養廉的。今天有好些新聞單位的編輯和採訪人員兼辦廣告和發行業務，這很可能使商業的考慮嚴重侵害到報紙內容，把報格降低。廣播電視亦然。

三、重視記者在職進修。在今日臺灣，政府機構和民間企業都很重視工作人員的業務進修，新聞事業在這方面遠遠落後。新聞記者發生素質問題，缺乏進修機會，知能無法隨時代進步，是主因之一。

四、確保記者的自主權。自主權是一個人根據自己判斷來作決定和採取行動的權力。社會對新聞記者既然寄以厚望，要求他們根據新聞事業的行為準則作大公無私的服務，社會更應該給他們相當的行動自由，在執行職務時，不受來自他們機構內外的違反這些準則的干擾或阻攔。

今天新聞事業無論中外都已變成大企業，工作人員即使從事編採，只是一個巨大組織中的區區一分子，所享有的專業自主權變得十分有限。

保證記者自主權，重要性遠遠超過前述其他三項措施，一般人士也很少討論這個基本問題，這兒有略加說明的必要。

在共產世界，新聞是政治控制的工具，記者是沒有自主權的，但在自由世界，這個權力也面臨危機，受僱的新聞人員正在為確保它而奮鬥。

新聞界為爭取這一權力而奮鬥以在歐洲大陸國家出現較早，斯堪底那維亞國家的編輯們為爭取簽訂賦以免受業主干預的長期合約，已經奮鬥了好些歲月。西德若干主要報紙和雜誌的編採人員已經取得業主的書面保證，不迫使他們撰寫違反他們良知的文字。譬如在影響巨大的「明星」(Stern) 雜誌社，總編輯的產生和編輯政策都是編採人員投票決定的。巴黎的兩家大報《費加洛》和《世界報》的編輯和記者也取得了編輯大權 。《世界報》的記者可參加決定新聞預算的會議，二百名編輯部人員經過長達三個月的七次投標過程，在今年六月選舉出了他們第一位「民選」社長。美國新聞界還沒有走得這麼遠。在美國，最令人注意的是：

記者自主權的有形保證首次出現在丹佛。美國報業工會(American Newspaper Guild)丹佛分會十年前曾和《丹佛郵報》簽約，規定成立記者與資方的聯合委員會，「以盡一切可能保障新聞中恆常的誠實，並提高報業新聞道德標準」。

今日我國新聞記者所需的也是這樣一種權力。假使新聞記者不能夠根據他所認識的真理，並本著自己的良知來採寫或編輯新聞，而要順從僱主明示或暗示的、違反專業道德的意圖的話，社會是無法期望新聞事業的表現符合公眾利益的，即使記者們都是博學之士，並享有合理的物質報酬。

確定我國記者自主權要靠多方面的諒解和努力。在這門行業的僱傭關係上作重大的改變將是不可避免的。可能還要政府來協助。具體步驟也許可以從組織一個新的記者公會開始。這個公會將是受僱人員團體，實際上就是一個「工會」，入會資格將很嚴格，以作為提高新聞記者品質的第一步驟。這個公會將以它的集體協商力量，自新聞事業單位取得新聞編採及評論人員（它的會員）在機構中的合理的工作自主權力，不受業主和業務當局直接和間接的干預。

唯有有為有守的工作者才應該擁有這種權力。所以未來記者公會會員資格必須十分嚴格。學識和品行並重，任何違反中華民國新聞記者信條（或公會將另行訂立的專業守則）的會員都必須被開除會籍，政府並應立法規定新聞事業不得僱聘非公會會員為編採及評論人員，但政府並不參預記者公會會員資格的規定和審定，以確保公會的獨立性。

新聞界本身和整個社會都期望新聞事業成為一項「博腦佛心」(profession)的專業。唯有給記者足夠的自主權，再加上採取前述三項輔助性的措施，「博腦佛心」的境界才能有希望達成。

民六十九年十月十日《中央日報》

請給新聞記者自主權

——報業民主化的重要條件

報業面臨新局勢

政府報業自由化政策實施後，一個可以預見的情況是：報業競爭將進入一個新境界。在新的局面下，一方面是現有報紙因版面增加，而在理論上，可以加強現有報紙的服務；另一方面，新報將獲允登記，在理論上，報紙將更加接近達到成為充分反映民眾意見的公共論壇。

由於一個少受政府限制的大眾傳播事業，在理論上，是一個有助於民主程序的體制，所以行政院長俞國華先生宣布政府考慮放寬報業的管制時，立即受到廣泛的歡迎。

政府解除或放寬報業管制，固然是報業能夠發揮其促進民主政治功能的先決條件，但是，僅僅由政府給了私人創立報紙與經營報紙各類業務的充分自由，我們社會並不一定就會擁有一個符合民主需求的報業。

我們可以預見的是：「報禁」解除了，有下面三種人物將進入這一行業：㈠真正的報人，㈡政治人物或集團，和㈢追求自我經濟目的的企業家。

歡迎真正報人辦報

真正的報人（例如成舍我先生）來創辦報紙，應該受到社會的熱烈歡迎。因為他們辦報，不是為了政治或商業，他們深懷自由主義的新聞專業義理，追求不黨不私、獨立公正的理想。他們所想建立的報業，恰好就是十八、九世紀創導發表自由與出版自由的先賢所預期出現的報業，這是有助於建立一個民主社會的報業。

對於政客和企業家所辦的報紙，如果任由他們放手去做，我們就無法具有上述的信心了。政客或政治集團的報紙，曾令願意「有報紙、無政府」，不願意「無報紙、有政府」的湯瑪斯・傑弗遜，都改變了看法。他看見當時美國政黨報紙猖獗，寫信告訴友人：「一個從不看報一眼的人，比每天都讀報的人更加接近真理。」英、美和日本等是企業家控制報紙的國家，儘管不乏「好」報，但是受市場導向與維護大企業本身利益的影響，在這些國家，公眾利益時常被一般報紙所漠視；草根民眾的疾苦和意見，也無法透過報紙向全社會表達。政治狂熱與商業掛帥（資本主義化），顯然不是中華民國的自由報業所應該跟隨的路線。

假使要防止報業於「自由化」之後，不致走上前述那條可怕的道路，根本的辦法是在使報紙不致變成其擁有者達成私自目的的工具。換言之，讓政客與企業家出資創設與經營的報紙，也能與真正報人所辦的報紙一般，根據自由主義的新聞專業的義理，來為整個公眾利益服務。換言之，報紙儘管在社論政策上，可以鼓吹業主所抱持的主張，報上其他內容的「生產與表現」，都應該盡最大的可能做到正確、客觀、公正、平衡等新聞專業要求。

記者勿淪為業主工具

怎樣才能做到這一點呢？符合自由主義精神的辦法，是別讓報紙內容的製作者（記者、編輯和評論人員）變成報紙業主為達成他們自私目的的工具。——給他們行使其專業的自主權，正如醫生不聽從醫院院長指示而自行醫治病人，教授不聽從校長吩咐而自行決定如何教書一般。

新聞工作人員爭取自主權的奮鬥，在歐美國家都在進行之中。斯堪底那維亞國家的編輯們要求受僱合約中規定業主不得干預新聞方面的工作，成果甚豐。西德若干主要報紙和雜誌已給了編採人員書面保證，允諾不迫使他們撰寫違反他們良知的文字。在著名的《明星》(*Stern*)雜誌，總編輯人選和編輯政策是由編採人員投票決定的。巴黎兩大報紙《費加洛》和《世界報》的新聞工作者掌有編輯政策大權，《世界報》的社長是編輯部人員選舉的。美國的報業工會(American Newspaper Guild)也不斷在為確保會員的自主權而努力。

根據新聞報導，我國政府正在一群學者專家協助下，策劃實施俞院長所宣布的報業自由化政策的辦法。我們願意在此時刻建議：政府在把辦報的權利交送給有錢有勢人士設置報社的同時，也應該協助把新聞專業的自主權授給業主們所聘僱的新聞工作人員。授權的方式是協助他們成立一個全國性的新聞人員的職業團體，使他們形成一個有組織的群體，一方面實行自我約束，另一方面確保他們在面臨僱主壓力的情況下，能夠順利地行使他們的自主權。

成立新的記者公會

這個組織跟目前的「臺北市記者公會」為一勞資雙方的混合體，是大異其趣的。它也許仍可稱之為「公會」，實際上對業主具有「集體洽商」的功能。不過，物質福利的爭取應在其次，主要是以集體力量向新聞事業單位爭取並確保報業民主化所不可缺乏的新聞工作自主權。（順便也可以把廣播與電視等媒介的新聞人員納入這個組織中。）

當然，惟有「有為有守」的工作者才應享有這項權利。公會的會員資格必須十分嚴格，學識品德並重，任何違反中華民國新聞記者信條（或公會另行訂立的專業守則）的會員，都必須開除會籍。這將需要一件法案，規定新聞事業不得僱聘沒有公會會籍的任何人擔任編採或評論人員。目前正有若干人士建議實施「記者法」，也許我們的上述法案恰好就是一件符合自由報業精神，無損新聞事業獨立性的「新聞記者法」，不過只有一則條文而已。目前那份沒有施行的記者法以及與其類似的法律建議就可束諸高閣了。

民七十六年四月《東方雜誌》

新聞報導應該改變政策與作風

今天臺灣地區大眾傳播媒介是一股龐大的勢力，它引起社會立即騷動的能力，不是任何其他勢力，包括政府在內，所能企及。特別是新聞報導，當記者的筆或他們攝影機的焦點集中指向某一個事件時，全國的注意力就會聚集到那一個事件上面去。

記者們所指引的事件，是否就是社會應該注意的事件呢？記者們沒有理睬的事件，社會份子是否就不必注意呢？當新聞媒介為了它們自己的利益用報導來製造一番騷動時，整個社會或可能的受害者應該忍受下去嗎？……

近些年來，臺灣地區在關心這一類問題的人越來越多，他們對今日大眾媒介的新聞報導的批評也越來越嚴厲。只是這類反應很難出現在報紙上面而已。令人擔憂的是，這股反媒介的暗流如果不能停止，決非新聞事業之福，報業史上新聞先進們爭取到的新聞自由，已經在今天因他們晚輩的濫用而受到威脅。新聞媒介在外力干預之前，迅速改變目前盛行的新聞報導政策和作風，不僅將使社會與公眾不致繼續蒙受損害，更可鞏固新聞自由，而造福大眾媒介本身。

今天臺灣新聞界應該怎樣改變政策和作風呢？我們認為：在消極方面應該維護社會份子的「知的權利」；積極方面應該伸張社會各個群體的「傳播權利」。

維護知的權利

任何個人（甚至任何動物的個體）都必須知道環境中的「動靜」，才能生存。他知道了環境中的危機，可設法逃避；知道了環境中的機會，可設法去利用。每一位個人就是由於藉著這兩種努力以適應環境和使環境適應他而得以生存的。但在社會學家湯尼斯（Ferclinand Tonnies）所說的 Gesellschaft 型的今日社會的環境中足以影響個人生存的「動靜」與變化，並非人的肉眼與肉耳所能察覺，而必須透過新聞媒介。（例如最近俄國人造衛星「宇宙一四〇二」號上核子反應器部分與主體脫離，失去控制，將落回地球，可能造成損害。這一危機，我們是藉看電視新聞才知道的。）所以，早期研究傳播的政治學者拉斯威爾（Harold D. Lasswell）把「監視環境」列為傳播三項功能中的第一項（其餘兩項是「傳遞文化」和「協調意見」)。社會以「報導自由」的特權交給新聞記者，就是期望他們有充分的活動餘地去為社會上的其餘分子監看環境中的動靜和變化。隨報導「自由」而來的是為整個社會成員維護知的權利的「職責」。

這項職責顯然被今天臺灣地區新聞媒介所忽略。常見的現象是：一、以所謂重點主義處理新聞，單獨一則新聞事件佔去大部分的版面或時間（如關於作家索爾尼辛、義士吳榮根，甚至無名氏的報導以及好些犯罪新聞），忽略其他重大新聞事件。二、報喜不報憂——報機會不報危機。三、報憂不報喜——報危機而忽略機會。四、以偏概全，歪曲社會某一群體（如婦女、警察與小市鎮居民）的形象。五、報導膚淺，把事態「兩極化」，因果關係「簡單化」。六、對事實作不公正的選擇。除了這些漠視大眾「知的權利」的作風之外，更嚴重的捏造新聞（新聞界稱為「打高空」）的事例也屢見不鮮。

由於這種煽色腥作風長久盛行不衰，報導自由的價值今天已被公眾懷疑。新聞界即使不為公眾的知的權利著想，就是為了確保報導自由，不使外界勢力（當然是政府）有理由來加強限制，也該迅速澈底改變他們的新聞與編輯政策。不要把爭取大眾知的權利，作為濫用新聞自由的藉口，而應該改以誠心尊重大眾知的權利來鞏固新聞自由。

伸張傳播權利

在積極方面，今日的大眾傳播媒介應該負起為社會各階層民眾或群體伸張「傳播權利」的責任。

「傳播權利」是近年來發展出來的一個超越傳統「新聞自由」與「知的權利」的更廣泛的觀念。這一觀念的基本論點是：今日傳播媒介是由權力與財力資源佔有優勢的集團或個人所經營。在這情況下，大部分社會成員都很難進入(access)或利用傳播媒介。昔日「出版自由」或「發表自由」所根據的假定——有話要說的人，會有地方可以說話——今天不再存在，實際上能享有這兩項傳統的「自由」的人，為數已非常有限。當社會中大多數分子缺乏「自由發言」的場所（媒介）時，社會分子之間，及分子與社會之間，就再也沒有傳播（溝通）的機會。因此，社會分子傳播需求，就應該被確認為一種基本的權利，而不容遭受剝削。必須做到這一點，大眾傳播才能進入真正的民主境界。

傳播權利具體而言包括下列項目：

——社會中每一位個人或每一群體的境況或疾苦都有為社會知悉的權利。

——社會中每一位個人或每一群體的形象，都有不被傳播媒介扭曲的權利。

——社會中「非公眾人物」的個人的私事，有不被報導的權利。這就是隱私權。

——社會中不同群體或個人的期望和意見，有在媒介上出現的權利。

——不同品味的藝術產品，都有使用媒介的權利。

最後兩項，主要與媒介的評論或娛樂兩類內容有關。其餘三項則與新聞報導直接有關。

今日臺灣地區新聞媒介除了未能維護民眾知的權利之外，其他受到批評的地方還包括「傳播權利」的忽略。例如：

一、報導的角度不夠廣闊，焦點集中政治中心和擁有權勢的人物與團體。大部分升斗小民的境況很少受到媒介的注意。

二、大眾媒介對於地方情況與地方人物之報導，集中於犯罪與「黃色」事件，隱善揚惡。嚴重扭曲了小地方與小人物的形象。

三、大眾媒介對社會若干群體——如婦女、青少年、原住民、警察……等時常忽略個人之間之差異，作「刻板印象」(stereotype)式的武斷，使這些人群受到社會的誤解。

四、在所謂社會新聞中，漠視小人物的隱私權，甚至對小人物橫加誹謗。

臺灣地區大眾媒介的新聞報導，必須革除這一類忽視民眾權益的作法，才能使新聞事業變成一項真正的文明制度，而造福社會與國家。

三方面齊努力

為達到維護「知的權利」與伸張「傳播權利」的目的，有關的三方面都應該作一番新的努力：

一、**政府**：政府應該制訂一套以伸張這兩種權利為主旨的傳播政策，放棄僅僅以利用傳播媒介作為宣揚國策政令及推行社會教育的狹窄構想。大眾媒介是資訊的生產者與分配者。資訊與物質財富相同，也是權力的來源，所以民生主義處理物質財富的方法——平均地權與節制資本——十分適當地可以用作國家對待資訊生產與分配的原則，用這原則來訂立傳播政策，是可以維護民眾的傳播權利的。

二、**媒介的業主**：媒介業主應該放棄順從「市場導向」的經營政策。用是否符合公眾利益，而非是否可以爭取市場，作為判定產品（新聞、言論、及娛樂等內容）價值的標準。

三、**新聞記者**：新聞記者應堅守專業精神——博腦佛心(professionalism)，充實知能慈悲為懷，犧牲私利，以服務社會與國家。記者與編輯們並應該爭取工作自主權，抗拒內外壓力，全憑專業標準，判斷如何選擇媒介上應刊登的內容，用何種形式來表現。編採和評論人員並成立專業公會，一方面提高會員素質，互相砥勵，實行自律；一方面結合一致，以集體力量鞏固會員在媒介單位中的地位，確保職業安全，不受違反專業道德的，來自單位內外的干預。

民七十二年二月《幼獅月刊》

艦隊街的陷落

大約五年前，當《華盛頓明星報》關門時，我曾接著寫了一篇〈華府的陷落〉短文❶，以悲悼美國首都繼美國其他城市之後，變成了一個沒有競爭報紙的大邑，而讓《華盛頓郵報》獨霸一方。❷

最近在英國報界也發生了一件「陷落」事件，不過美國的《時代》雜誌三月十七日卻用歡欣鼓舞的方式，大叫“stop Press!”，把這一陷落叫做「艦隊街上的革命」，作為封面故事來處理。

在這次革命中有兩個英雄：一個是創立《今日報》的艾迪・夏(Eddy Shah)，另一個是國際媒介大王魯勃・梅鐸(Rupert Murdoch)。

---

❶ 收集於《模糊的線》一書中。

❷ 現有「統一教」所支持的《華盛頓時報》，試行向郵報的獨佔局面挑戰。

衝破工人封鎖線

兩人都是在與「艦隊街」的重要勢力——勞工——搏鬥一番之後，得到最後勝利。前一位英雄是創設了完全電子化、外表酷似《今日美國》的彩色報紙；後一位把他所經營的四家報紙（包括《泰晤士報》），搬到艦隊街以外的地區去，用電腦化的方法編印。然後衝破罷工工人封鎖線，成功地送到市場，並且開除了六千名左右的印刷工人。

《時代》雜誌可能認為這是對頑抗採用新技術，阻礙增進編印效率，使報業成本大增的印刷與報人工會的一場大勝利，艦隊街的傳統於是崩潰，故以「革命」名之。

在這場「革命」中，古老的艦隊街——一項英國人視為當然的典制，一項英國人應該引為榮的傳統——陷落了。我們跟《時代》以及《時代》所代表的集團乃有不同的感受，要來悲悼一番。

對於自己並不擁有大眾媒介股權的人而言，艦隊街的精神或傳統，是相當可愛的。在艦隊街，由於工會勢力強大，資本家不能獨自控制報紙的生產，更重要的是，除了印刷工人外，報社的編採人員也有強大的團體，除了維持福利外，也保障著他們專業上的自主權。

這次「革命」後，艦隊街的其他報紙也將遷離，電腦將進入許多報紙編輯部和印刷廠，不只是大批工人失業，工會也將失去對報紙的影響。編採人員這次對老闆的降服更加令人訝異：梅鐸給了他的七百名編採人員，每年平均加薪九萬六千多元新臺幣及提供免費醫療的承諾，便說服了他們參加新的「生產線」，而且答應永不罷工。所以這是一次資本家的革命，是革命歷史上新的一頁。

資本家的革命

艦隊街的陷落，除了令人悲悼一個古老英國傳統的消逝之外，似乎還顯示下面一些事實，使人對於大眾媒介的性質增加了一分了解：

第一，我們不能過早就相信麥克魯漢的「媒介是人的延伸」的樂觀理論。今天媒介不是你我肉體的延伸，它的工具性仍然很顯著。科技進展已使這件工具更加昂貴，只有像梅鐸這種人物，能夠花費一億四千萬美元在東倫敦建造另外一條艦隊街，來取代英國報紙的老巢穴。

大眾媒介的跨國勢力

第二，大眾媒介是一個社會統御勢力的一部分。在艦隊街真正被打垮的，並不是印刷工人和編採人員，而是因為英國議會中勞工勢力減弱，統御英國的主流勢力通過法案，規定任何工會不能拉攏其他工會一同罷工，受僱人員不必隸屬工會也可繼續工作，對違法的工會可以課以罰金，梅鐸和艾迪・夏才有可能發動革命。

第三，大眾媒介已經變成跨越國家的大企業。媒介不只是國內社會體系的一個組件，也是國際社會的一個組件。梅鐸所握有的是多媒介的跨國大企業。他的東倫敦新廠中的電子設備人員不是英國人，而是來自美國和他的老家澳大利亞。

從這些意義來看，我們今天應該悲悼的，就不僅僅是艦隊街的陷落了。

民七十五年四月一日《天下雜誌》

電影・社會・文化

一、電影編織夢境

電影是什麼?這個問題從技術的觀點上言，比較容易回答，它是複製聲光的一種工藝而已。但是，電影並非僅僅是工藝產品，它還有許多其他層面，三言兩語是無法界定的。電影英文名稱有三個：film、cinema和movie，各有不同意義。法國電影理論家莫納柯(James Monaco)的看法是：film是指這一傳播媒介跟它周圍的世界的關係。cinema是指它的文化標準和內在結構，而movie則是商品。

電影這三個「身份」，相互間有著密切的關係。你的movie，可能是他的cinema，但卻是我的film。這是說，對你而言，電影跟爆米花一樣，是供人們消費的；對他而言，電影與繪畫戲劇一般，是高級藝術；對我而言，電影就是電影，涵義極單純，是大眾傳播媒介之一而已。沒有高低善惡的涵義。

本文不談電影藝術，也不討論它的經濟層面，主要把它當作傳播媒介來討究。傳播的三個要件是：一、訊息的發出者，二、訊息，三、訊息的接受者。這三者就是：電影的製作者、影片本身和電影觀眾。對於製作者而言，電影為他們提供了一個發表的管道，一個施展技藝的機會，一個影響別人和娛樂別人的途徑，和一個謀生之道。電影本身則可能是輕鬆的娛樂，其中可能有政治宣言或社會性的訴述，也可能具有藝術性。對於觀眾而言，電影可能是一個避風港，一場時裝課，一個語言教室，或者一個人際關係的展示會，甚至是一個替代性的社交場合，你可在那裡「會見」夢裡情人或友人。在整個的影業史中，電影主要就是娛樂媒介，大部分是虛構的幻影，讓觀眾跨進去暫時忘卻枯燥的實際生活。不論有什麼新的媒介出現，例如電視的興起，電影仍舊因為具有娛樂功能而仍有理由存在下去。

但是電影最初問世時，並不是「大眾」的娛樂媒介，而是向小群觀眾展示的新奇玩品。在二十世紀初期，各地方民眾的閒暇時間增加之後，電影才變成大眾媒介。到一九二〇年代初期，電影在美國乃成為舉世前所未見的規模最大的商業化的娛樂形式。早期的影片是很短的，大致上只是一捲而已。一九一二年法國影片「伊麗莎白女皇」用了四捲膠片，長達一小時半，大受觀眾歡迎，開了長片的先河。從此以後，電影就能夠跟舞臺劇、歌劇、和歌舞劇競爭了，而且終於勝過了這些傳統的娛樂。

電影能超越其他娛樂方式，因為它在技術上所佔的優勢，使它能夠有更大的操縱自由來為觀眾佈置夢幻。美國評論家荷里斯・奧佩(Hollis Alpert)說：「歷史上從來沒有像電影這麼一個大規模的工業，曾為一國人民如此赤裸地、直接地建造過夢境。一天中不分晝夜，你可隨時進入一家黑漆漆的戲院……當人影在寬銀幕上移動時，你就駛入了一個有性、有動作、有犯罪、有死亡……的驚濤駭浪的海洋。你回家睡覺時，夢又由這些曾為你在戲院中構造夢境的符號編結起來，因為電影就是由美國人的夢編織而成的。」更有趣的是，在世界許多地區，包括中華民國的臺灣，由於本地電影模仿好萊塢的產品，觀眾也可能做著美國人的夢。

二、電影的社會體系

本文是把電影當作大眾傳播媒介來處理。檢視大眾媒介，如果期盼得到有意義的瞭解的話，是不應該把它孤立起來討論的。大眾媒介——不論是報紙、電視、廣播、或通俗雜誌和書籍——是它們所存在的社會的產物，它的生存跟發展和它周圍的事物密切相關。用社會學者的話來說，媒介是一個「體系」中的「次體系」，它自己又是一個由好些「次體系」組成的「體系」。

電影主要是為人們編織夢境或是提供娛樂，而無法像很多批評者所期望，變成教育或提供知識的工具。藝術水準也無法達到絕俗的境界。原因何在?只有用社會體系的觀念來加解釋。

電影，像其他大眾媒介一般，作為一種社會體系，包含下列這些組件：

——觀眾。觀眾本身是十分複雜的。決定觀眾在體系中如何運作的，包括有觀眾分子的主要興趣、需求、他們的組成、他們的互相關係等。這些變項構成一種行為機動作用，以決定人們對電影的內容如何來注意、反應、和解釋。

——研究組織。這是在觀眾與電影內容決定者之間的另一個組件。研究組織包括有觀眾意見調查者，市場調查者，票房記錄分析者等。它們提供的資訊，是決定內容的重要參考資料。

——分配者。這個組件在電影業中是影片的發行業、映演業、和各地方的電影院或院線，它們把內容分配給觀眾，觀眾的回報是他們的「注意」(attention)。(「注意」也可視為一個組件，在靠廣告維持生存的媒介系統（如電視）中，「觀眾的注意」乃是商品，可以向廣告主推銷。）

——生產者。這個組件包括實際製作影片的一大群人物，如製片人、編劇、導演、演員、攝影師、各類技術人員和職員。

——控制者。這包括一切能對電影的經營和內容施以約束和管制的人或團體。例如立法機構、行政主管與輔導機構、社會壓力團體、自律團體……等。這些控制的來源，時常出自電影社會體系之外的較大體系中。一個國家的政治、文化甚至經濟條件的限制，都會透過這個組件來影響電影的內容。

在外在環境中，其他的大眾媒介也跟電影的社會體系發生聯繫，每一媒介都分別跟電影產生系統性的影響。在電影社會體系的內部，主要的運作條件是經濟性的。這個體系中大部分的組件，都擔當著職業性的角色，人員從事工作主要是要賺取金錢。對電影而言，幾乎只有一個組件——觀眾——是金錢的來源。除非有觀眾來購買入場券觀看電影，這個體系就難以運作而終必瓦解。所以，觀眾方面如有任何重大的行為改變，都會使電影社會體系受到嚴重的困難。譬如當大批電影觀眾突然擁有電視機的時候，電影就受到過嚴重的打擊。今天在臺灣，大批觀眾在錄影帶上找到娛樂，電影業馬上就感到危機正在冒現。

這類危機雖然不時常發生，但是並非不致出現。為了防止觀眾行為作重大的改變，乃必須為他們提供足以令他們滿足的內容，以確使數量盡可能眾多的觀眾，依據這個體系的需要而來扮演他們的角色。這樣一種內容始可保持體系的穩定。從體系觀點來說，理想的情況是：內容足以維繫觀眾，同時，也要恰好定位於道德規範和品味標準的疆界之內，以免引起控制者採取不利的行動。

最能吸引大群觀眾注意的影片，似乎應該提供戲劇性高，但品味卻低的內容。電影界人士時常有著這種假定，並且認為觀眾中教育水準越低（人數當然較多），品味也會越低。但是傳播研究發現，觀賞低品味大眾媒介的人，與教育程度無關。不過研究結果證明，教育程度較低者，較會受到大眾媒介——包括電影——的吸引，這可能是因為教育程度低的人比較不富有，而接觸大眾媒介正是一種比較價格低廉的休閒活動。品味低的電影，票房價值較高，則是可以確言。這說明了大眾媒介社會體系的一個重要事實，在今天，無論中外，它必須倚靠較低品味的內容，來保持整個體系的穩定。

三、電影與通俗文化

前文談到電影或整個大眾傳播媒介必須倚靠低品味的內容，以確保體系的穩定。這個結論並不意味大眾媒介中只有低品味的內容。實際上，電影與其他媒介的內容種類很多，大致可分為三種品味：

——低品味內容。這就是上文所指出的為維繫穩定所需的主要內容。這類材料最常受到批評。暴力、色情、挑逗性的音樂、犯罪的描述等屬於這一類別。

——沒有爭議的內容。這是批評者無話可說的媒介內容。例如主題「健康」的電影，電視中的氣象，新聞，專業性的雜誌。這類材料品味中等，不被認為會危害道德標準。

——高品味內容。這是批評者認為有「好」品味，道德性高，有教育價值或具啟發性的媒介內容。藝術電影屬這範圍。嚴肅的音樂、精緻的戲劇、文學、政治、經濟等專門期刊也被認為是品味較高的媒介。

媒介的品味雖然相當多元化，但真正的「大眾」傳播媒介，主要仍舊是提供為眾多的閱聽人所能接受的、品味較低和沒有爭論的「健康」的內容。電影、電視和早期的廣播，就是這類材料的大量生產者和大規模的分配者。它們這類的「文化產品」暢銷，結果形成一種獨特的、前所未見的強勁的「通俗文化」。

在通俗文化的大舉侵襲下，傳統社會的庶民文化(folk culture)和精緻文化(elite culture)都受到摧殘。各國本土的民間藝術都是藉親身傳播以持續和流傳的；貴族性的古典音樂和戲劇也不用媒介作通道。這兩類文化都無法和通俗文化競爭。在大眾媒介越發達的地方，文化的多元性越是受到侵蝕。在我國演平劇的「大舞臺」，乃被放映電影的「大戲院」所取代，野臺下面地方戲的觀眾，都被吸引到漆黑的電影院裡或電視機的旁邊去了。

傳播技術是不分國界，於是電影和其他大眾媒介更把通俗的文化產品，從西方發源地傾銷到世界上的每一個角落。在這項入侵中打頭陣的是好萊塢的電影。好萊塢不只是直接參加了通俗文化和藝術的創造和推展，而且建立了一個模式，幾千里外的人都在套用。通俗文化的雪球，滾得越來越大。不過，研究社會變遷的學者有一個預言。他們說，在工業社會之後的社會，將出現一個新的階級系統，這個系統將以文化品味的高低定高下，而獨立於社經地位與教育程度之外。換言之，這將是一個文化品味多元化的社會，再也不會有一個佔有絕對多數的「中下品味」人口集團。媒介——包括電影——沒有必要去迎合中下級的品味，而有可能分散努力，提供不同品味，甚至不同性質的文化產品，且仍能保持媒介體系的穩定。

讓我們相信這個預言吧。

民七十三年十二月《文訊》

電影面臨的文化問題

——一次研討會的記錄

在各位剛才精采的談話中，雖然對電影事業的發展感慨繫之，但是從大眾傳播媒介整體的觀點來看，我個人認為過去二、三十年內中國電影的成就是值得肯定的。就拿各種傳播媒介中與電影最相似的電視來比較，我覺得電影的進步遠大於電視。雖然現實的環境裡有許多阻力存在，但是很多電影界的朋友在創作方面所做的努力成績十分可觀，也十分可喜。

同時從各位的意見中我得到一個印象，各位似乎都同意在我們這個自由經濟的社會體制之下的大眾傳播媒介，時時忘了都是有兩種力量在互相掙扎，並尋求一個均衡點，其中一種是追求市場的壓力，另一種是藝術家的奮鬥，不過以電影來說，到最後常常是市場決定產品。雖然我國新通過的電影法中將電影以「文化事業」來看待，但現在看起來電影只算是文化商業，商業的意味相當重，不過，商業本身並不意味著什麼壞事。

我國電影生命週期何以不長？

譬如剛才蕭新煌教授談到我國電影的「生命史」或「生命週期」(life cycle)，就提供了一個從工商業的觀點檢討「電影產品」的基礎。蕭教授說，在國片中，有好些類型的影片，如瓊瑤式「鴛鴦蝴蝶」片、功夫片，和所謂社會寫實片、學生片……等，各自都盛行一時，然後消逝。這是在物質產品方面十分普遍的現象。市場學者把產品生命週期分為引進期、成長期、全盛期、消退期，在完成這個週期之後，產品必須改進，用新的姿態開始另外一個週期，如此周而復始，產品乃繼續改進更新，而不致在市場上消失，而且消費者經常有新產品可用。

電影之類的文化產品，在市場經濟中，也是循著這個路子發展的，不過我們影片的生命週期從蕭教授的敘述中，可以看出是很短暫的，而且似乎僅僅經歷一個週期就消失，而不會「更生」，開始另一週期。各種類型的影片，都已死定了。

反觀外國電影的生命週期卻好像很長，例如西部片從早期西部片、中期西部片到晚期西部片，在西部片的範疇中不斷改變進步。那麼我們電影的生命週期如此短暫，原因究竟何在呢?我想有兩個因素，一是市場太小，電影對我們來說似乎是很大很重要的傳播媒介，但從世界觀點看，臺灣是很小的地方，市場非常窄，一般而言，市場大生命週期長；市場窄生命週期則短。另一是社會變遷比較快，社會改變得快消費者改變得也快，對電影而言就是觀眾改變得很快，市場往往取決於消費者，消費者改變得大，自然消費市場中的產品也會有很大的改變。一次一次快速的社會變遷，使得觀眾因之快速改變，於是造成電影生命週期的短暫。當然社會變遷不是壞事，電影生命週期短也不是壞事，只要這種產品真能反映市場的需求，相信電影只會愈變愈好，不會愈變愈壞，只會進步，不會退步。

鞏固基礎結構謀求更生

除此之外，如果要預期我們的文化產品像其他產品的生命週期一樣長久，並且照著那些產品的發展路徑，不斷更新的話，我相信基礎的條件是很重要的。換句話說，我們文化產品的生命週期之所以短暫，又不能「再生」，我認為最大原因在於它的「基層結構」(infrastructure)不夠鞏固。以經濟建設為例，進行經濟建設，必須先開公路、闢港口、建立發電廠、鍊鐵廠等基層設施。那麼電影這類的文化產品的基層建設是那些呢？其中之一是「基礎藝術」，包括文學、戲劇、舞蹈、音樂等，因為電影是一種高層次的綜合藝術，下層基礎藝術夠鞏固，電影才會有好的發展。時下許多人將小說改編成的電影稱之為「文學電影」，我個人非常同意徐立功先生的意見，這類「文學電影」事實上並不真正是文學，以電影形式來表現，只是電影採用小說的故事而已。其實只要是藝術性的電影，本身就有文學意味和文學成份，如果只是把文學家的文字變成聲光影——並不能叫「文學電影」。任何一個編劇、導演本身若是缺乏文學素養，都不可能拍出好的電影。固然我國過去有深厚的藝術淵源和傳統，但以目前來看，似乎這方面的努力非常不夠，甚至在教育上也忽略人文教育，自然會影響電影事業的品質和發展。在我們批評電影的同時，更必須深入檢討這些基礎藝術為何不受重視，方能找出問題的癥結。

我國近些年來在加緊經濟建設的同時，卻忽視了學校和社會的「基礎藝術」教育，一方面使我們沒有產生足夠多和足夠好的電影和電視等高層結構藝術的創作人才，一方面使我們的「藝術市場」缺乏一批人數眾多的高品味的消費者。這不只是一個電影問題，也是一個嚴重的文化問題。

文化基礎結構中另一項是專業技術(professional skills)，我覺得這方面我們還蠻強的，比起其他許多和我們發展程度相同的國家要強得多，常能以簡陋的機器設備，拍出精緻的畫面，過去幾十年來我們的電影的明顯的進步，恐怕主要表現在專業技術上。

管理(management)是基礎結構中的另一要項。我相信在這方面我們是相當弱的，包括投資者的短視，對市場估計的粗淺，只投資他們認為可以賺錢的片子，他們認為不能賺錢的片子絕對不拍；經營方面安排檔期及發行系統中種種不合理的現象，都有礙電影事業的發展。往往一部辛辛苦苦拍出來的好片子，因為經營管理上的弊病無從與觀眾見面，也是十分可惜的。

電影前途是世界性問題

剛才也有先生談到中國電影的前途問題，站在整個傳播媒介的觀點看，我認為不僅是中國電影面臨到前途問題，全世界的電影業者都一樣有這種擔憂和苦惱。假使電影在未來仍然維持這種面貌不變的話，相信會和其他不求創新改變的文化產品一樣逐漸被淘汰，所以電影在將來非變不可。要改變主要是基於兩個理由，一個是科技不斷改變，帶動人的娛樂習慣改變，科技使得類似電影的文化產品取得起來非常方便，例如電影觀眾可以透過錄影帶、第四頻道、有線電視等通道，在家裡就能取得電影這種娛樂，不必跑到電影院去看影片的放映。再者，現代人的興趣漸趨多元化，娛樂的種類很多，不一定要靠電影才能娛樂，娛樂的場地改變，娛樂的選擇性增加，都會影響目前這種電影事業的前途。未來的電影將不是膠片拍攝的，也不必由戲院來放映。它也許不再叫film，但它仍舊是cinema。換言之，不管怎樣變，電影藝術將永遠存在。科技的腳步永不停息，所以我們的電影界應該把眼光放遠，除了審視當前的環境之外，也應展望未來科技的改變，大眾娛樂習慣的改變以及我們要如何適應這些改變。對於這個問題，我很同意剛才徐立功先生所說的，展望得再遠一點，我們的電影事業終究應該走向多元化。雖然以目前的環境衡量分析，多元化是不太可能，因為電影市場需求的是大眾化的產品，各種不同品味的產品在市場無法吸引足夠的觀眾以維持生存，但從長期的眼光來看，多元化在未來是必然的趨勢。

發展「多元化」掌握市場

研究社會變遷的學者曾經指出，從文化觀點或從傳播觀點而言，社會變遷使一般人對文化產品的消費口味變得相當多樣化，口味的多樣化也使得各種不同形態的文化產品能夠得到不同消費者的支持。社會學家將社會變遷中消費者品味的改變分為幾個階段，第一個階段是在傳統小社區的社會中，消費者對文化產品的品味是單元化的；第二個階段是工業前的社會，工業社會來臨前的社會漸漸脫離傳統，社會上大致有兩個階層，一是上階層，一是下階層，精緻文化附屬於上階層，各種民俗文化(folk culture)則附屬於下階層；第三個階段是工業社會，在這樣的社會中，文化的品味與社會經濟階層呈密切正相關，不同社經階層有不同文化品味。現在我們就是處於這一階段，因為我們社經地位較低的人佔大多數，所以低品味的文化消費品較能銷行；第四個階段是後工業時期(post-industrial stage)，在這一時期文化品味的階級和社經階級分離，成為獨立的階級系統，與社經地位無關，社經地位很低的人，文化品味可能很高，社經地位很高的人，文化品味可能很低。換句話說，這樣的社會中文化品味的結構和社經人口結構分立，多元化達到非常獨立的地步，不能藉社經結構去推測文化品味。臺灣漸漸也開始出現這種趨勢，因此我們可以推測將來中國電影必定走向多元化，各種類的電影都可能為觀眾所接受。未來的社會中，不同品類的藝術家都能得到傳播媒介做為工具，科技的發展甚至可以使類似有線電視這種的小眾傳播媒介愈來愈普遍，建立起範圍小、雙向傳播、回饋(feedback)快而直接的傳播體系。未來的傳播媒介將走向小眾化、特殊化，各種不同品味的藝術家可以選擇不同品味的消費者，不同品味的消費者也可以選擇不同品味藝術家所製作出的不同產品。因此我對電影的前途抱持樂觀的態度，市場對藝術家的限制會漸漸消失，各種藝術家都擁有自己的市場。這種樂觀局面的出現只是時間問題，也許目前達不到，但十年廿年以後總會達到。

健全影評人制度是急務

最近我想談一談影評的問題，現在報紙和電視上似乎缺乏獨立的、專業的、不受商業影響的影評。而且影評人中，reviewers 遠比critics 為多。前者介紹影片而已，後者才從創作觀點提出批評。由於影評人足以直接影響一部電影的銷路，因此電影業者想盡辦法攏絡控制影評人，他們的獨立性和公正性因而時常受到懷疑。

當然，review 式的影評是很重要的，它有助於影業的量的發展，功能與廣告相類似。但是對於影片水準的提升，criticism 式的影評不可或缺，不幸我們在這方面，比前者更加薄弱。

民七十四年二月二十五日《中國論壇》

縱論電視問題

不可期望太高

在二十世紀物質世界的一切發明中，到現在為止，為人類日常生活帶來了最多改變的，除了汽車之外，可能就是電視。在臺灣，電視出現後在社會各層面所引起的變異尤甚於汽車。電視乃自然而然變成了一個被討論或批評得最多，爭辯得最烈的問題。

主要的批評來自知識份子。這是因為：第一、知識份子對於一切制度都懷有較高的期望，傾向於理想主義。他們認為社會有某些重大的需要，有待電視來滿足。其次，知識份子還企圖在電視中尋覓能夠滿足他們自己的需要的東西。但是我們的電視，甚或任何一個國家的電視，卻不是根據這兩項預期而創設或經營的，知識份子的失望可想而知。

電視是大眾傳播媒介之一，在極權主義社會中，大眾媒介為整個政治控制系統中的一個

「組件」，不是根據知識份子的期望而設計，非常顯然，姑不詳論。在非極權的社會與極權國家相同，大眾媒介也是社會體系的一部份，這是自從柏拉圖以來，都未能改變的一個事實，柏拉圖像今天臺灣的「讀書人」一樣，對通俗文藝頗多怨言，他主張廢棄流行的故事，不講給他的「理想國」中的兒童們聽。他說，在「理想國」中第一件要做的事，就是監督寓言和神話的編造。這個主張，和今天中外知識份子對電視及其他大眾媒介的看法是相類似的。他們的失敗程度也恰好相等。

用社會學理論來解釋，大眾媒介（電視在內）是一個社會體系由不少「零件」或「組件」所組成，互相牢牢扣緊，牽一髮動全局，是不可能各個擊破的。一個社會體系為了維持其存在，必須把它的某些行動不斷重複和持續下去，正如一個人必須繼續呼吸和一再排泄一般，否則就會死亡。在電視這個社會體系中，觀眾、電臺、生產者（編劇、演員和記者等）、廣告客戶、廣告代理商等，都是「零件」。除觀眾和廣告客戶外，各個「零件」都在謀求金錢的報償。報償的財源是廣告客戶，廣告客戶願意供應財源只有一個要求：「讓我的廣告達到有能力購買我的產品或勞務的最大多數的人。」所以電臺就必須以分配者的姿態把它從聽眾中所取得的「注意」（或大眾興趣）當作商品去爭取廣告供應者的青睞。節目的生產者也必須為符合分配者的這個要求而製作。在我們這個還算不太窮的社會，誰是廣告客戶所要求達到的觀眾呢？他們是人數最多、擁有電視、而且看電視最頻繁、總購買力最大，但教育程度較低的一群人。他們願加「注意」的節目就是維持這個體系繼續存在的主要因素。電視和其他的大眾媒介必須爭取這種「注意」。

這是知識份子的「輿論」所無法改變的一個事實。電視不只是不熱心為知識份子供應他們自己所喜歡的「藝術」節目，而且一定拒絕按知識份子的理想主義，去把節目當作教育大眾、促進發展提高文化等等的工具，當媒介變得不是知識份子專用品後，它的內容也就無法像我們上一兩個世代的書刊那般「開卷有益」了，所以，對電視付以過高的期望，也許基本上就是一個錯誤。

三項主要功勞

不過，筆者也不是一個十足的悲觀者，筆者相信：

第一、今天我國的電視固然不符合理想，但是它也並非一無所是。就娛樂節目而言，它似乎相當程度地滿足了農、工、商大眾和一般家庭主婦的鬆弛身心緊張狀態的需求。這些人群都是我們社會的辛勤工作者，「棋琴書畫」不是他們能力所能企及的消遣方式，傳統的民間遊樂方法在這日益複雜的社會又趨式微。看電視為這群重要的工作者提供了消除單調疲困的途徑，對於「生產力」的貢獻至少比賭博之類的打發時間方法較為有利。

第二、電視能有效地把國家發生的重要事故，用許多方式，帶進了大部分民眾的家庭，對於形成或鞏固全國性的社區意識或民族意識可能大有幫助。總統蔣公逝世，每一個人都好像陷入自己家庭發生巨變的悲痛中，電視把我們的心理距離都拉短了，就是一個例子。

第三、電視也拉短了生產者與消費者之間距離，這是我們今天經濟制度中不可缺少的一件工作。電視廣告雖然有許多問題，但廣告本身對我們的經濟是有益的，假使我們要維持這個經濟制度的話。缺乏廣告有時還可能害及消費人，譬如美國聯邦商業委員會去年年底曾要求美國醫療協會解除該會禁止驗光配眼鏡登廣告和禁止醫師登廣告的規定。商業委員會認為禁刊廣告妨害到公開競爭，使價格不能公平，對消費人不利，違犯了反托辣斯法律。該委員會還可能下令律師、建築師、獸醫、和其他專業的團體解除禁止會員登廣告的規定，(見一月五日《時代》雜誌)。聯邦商業委員會指出，在不禁止廣告的州份，驗光配眼鏡的價格低廉得多。由此可見，並非一切廣告都是對消費人有害的。我國電視廣告普遍，促使許多行業從事公開競爭，誰也無法壟斷價格，也是相當明顯的實情，雖然欺騙性的廣告似乎也同樣眾多。

麻醉的負功能

當然，我國電視應該受到批評的地方仍舊不少。較普遍的指控，像廣告誇大欺騙、節目製作粗糙、打鬥場面太多、流行歌曲泛濫……都不是無的放矢，各方討論甚多，本文不必重複。筆者認為今日我國電視另有下列兩項缺點，它們對社會的有害程度可能並不遜於上述各端：

第一、今日我國的電視也許正在麻醉我們的社會。美國若干社會學者擔心大眾媒介可能有麻醉社會的「負功能」。這種「負功能」的發生是由於(1)大眾媒介（電視在內）的娛樂材料過多，超過了緩和緊張的所需，足以鬆懈社會分子對於環境的警覺。(2)大眾媒介所供應的材料數量龐大，時間過長，一般人每日花費大量時間使用媒介，沒有剩餘時間靜下來深思，更難有時間與精力對公眾事務作積極的參與。(3)大眾媒介，尤其電視劇，往往把社會上問題描繪得過份簡單，認為有簡易方法可以解決，使人趨於忽略問題的嚴重性與複雜性，而不去深思研究原因和謀求真正解決的辦法。

用上述三點來指控我國今日的電視似乎都是適當的。根據筆者與楊孝濚和潘家慶兩先生去年一項全臺灣地區民眾傳播行為研究，百分之八十的人家中擁有電視機，百分之四十二的人每天都看電視，而戲劇與歌唱又是觀眾所最喜歡的節目，收視率最高的連續劇更是與現實無關或是與上述第(3)點所述恰正相符的東西。「麻醉」的負功能極可能發生。今天我們正在從事建設，而且大敵當前，社會分子必須具有高度警覺，關心公眾問題，並積極參與公眾事務，不容苟安懈怠。如果我們社會受到麻醉，後果的嚴重將甚於美國那一類的社會。

其次，今日我國電視似乎相當輕視報導新聞的功能。新聞並非純粹「硬性」，它能成為吸引觀眾注意的「上好」節目，如果不對新聞作妥當的利用，不只是忽略了社會的需要，同時也是「暴殄天物」，放棄了爭取觀眾的一個工具。美國的電視記者成功地把越戰、水門、民權運動、環境污染等帶進了全國人家的起居室。我們電視攝影機的鏡頭，大部分時間中，焦點是放在各種禮儀之類的「假新聞」或「非新聞」事件上面。電視記者似乎變成了機關團體公共關係人員的爭取對象。而且爭取得極為成功。麥克魯漢說電視將把世界「重新部落化」，這句話用在此間殊少真實性。我們能從古老的媒介報紙的鉛字裡看見更多的臺灣和更多的世界，雖然報紙有待改進的地方也很多。

有待外在的努力

改進新聞節目的工作，基本上可由電視臺自己進行，而不致妨害前文所說的「社會體系」的運作。因為更活潑、更多變、更有深度的新聞報導為廣大觀眾所喜歡，加強新聞是符合該體系生存的原則的。

前文所描述的電視「社會體系」，只是故事的一部分。電視體系不是孤立的，它存在於另一個較大的體系中。換言之，在它之外（或之上）還有一個施行控制的「組件」，把它和外在環境聯繫起來。這個「控制組件」包括有立法及黨政機構、自律組織、壓力團體、同業公會等。它們根據社會的文化規範、價值標準、意底牢結、以及由法律或自律信條所規定的條件，作為控制的準繩。這些控制或「輔導」對電視內容的影響也是很大的。換句話說，能夠有效地向電視臺說話的人，不只是廣告供應者而已。

控制組件中各單位「說話」的依據固然有上述的文化規範等等，其最後的根據仍是公眾的利益。假使本文所述電視各項缺點的確存在的話，乃是公眾利益業已受損。控制組件中的各份子就應該檢討這些弱點——如廣告欺騙人、節目麻醉人、新聞敷衍人……等——是否應該完全歸咎於電視臺的運作方式?是不是有任何能有效地對電視臺「說話」的單位，把話說得不夠強硬，把話說得不夠清楚，或者相反地把話說得太瑣細，把話說得太多，而使得電視臺過份放肆，或過份拘謹，以致引發了這一切有害公眾利益的缺點?

民六十五年二月十日《中國論壇》

電視觀眾的動機分析

一般人為什麼這麼喜歡看電視呢？為了這個問題，大眾傳播學者幾乎自從電視在世界出現，並馬上受到大眾熱烈歡迎以來，就已開始尋找答案，而不斷從事觀看電視「動機」的研究。今天我將介紹一些經過有系統的探討而獲致的答案，這些答案也許不是最後的，但是對於一個電視觀看者（有誰不是呢？）這些答案一定能幫助他了解自己這項行為，甚至進而從事一些約束或調整，以把電視作最符合自己目的的使用。如果電視界朋友，能夠多了解一點別人是「為什麼」要看電視的話，他們也許能夠擬訂出比較切合實際的政策，和設計出比較有效的節目來。

在關於電視觀眾的研究中，比較早期的結論，是認為電視主要是為觀眾提供「逃避」現實的途徑。這種觀念是從學者在電視出現前對電影所採取的看法延伸而來的。譬如施蘭謨(Wilbur Schramm)在他與其他兩位學者對電視與兒童生活的研究中，就認為逃避現實是看電視的首要的、明顯的原因。後來，另有兩位重要的傳播學者(Elihu Katz 和D. Foulkes) 也發現越是在個人生活或社交上不如意的人，電視看得越多，似乎表示電視就是這類人的避風港。

不過，近年來的研究者對於這種過份簡單化的說法，產生了懷疑，而試行擴大視野探求人們為什麼看電視的原因。譬如麥奎爾(Denis McQuail) 和其他兩位學者在英國里茲大學從事研究，對於各類節目的觀眾作過縝密的深度訪問之後，發現了四大類為什麼人們要看電視的原因。換言之，電視對於觀看者個人具有四類功能。它們是：

一、調劑生活(diversion)，下面又分為：

甲、逃避日常生活的壓力。

乙、逃避困難所加的負擔。

丙、情緒的宣洩。

二、增進個人關係(personal Relationships)，下分：

甲、伴侶關係。

乙、社交上的應用。

三、加強自我認識(personal identify)，下分：

甲、自我確定。

乙、現實的試探。

丙、價值的增強。

四、對環境的監視(Surveillance)。

上列各條原因，都是從被訪問的電視觀眾對節目評論而推斷的。譬如第一類「調劑生活」的甲項「逃避日常生活的壓力」，觀眾所選用的評語是：「這節目幫助我逃避日常生活的煩厭。」「這節目令人進入忘我的境界。」和「節目中的人能夠做出我無法做的事，看了叫人開心。」

關於「逃避困難所加的負擔」，觀眾的話是：「這幫助了我忘掉那些麻煩。」和其他類似說辭。

關於「宣洩情緒」的功能，觀眾表達所用的辭句是：「但願劇中人就是我。」或「看了之後，我真想哭。」

在第二類的兩個項目中，甲項乃是電視可以為觀眾提供「替代性」參與社交活動的機會。在英國這一研究中，受訪的人時常用下面的話表達這種感覺：「劇中人已變成我的好朋友了。」「我喜歡那些人物的聲音。」

臺灣地區的觀眾非常喜歡看漂亮女歌星（像張琍敏）的「外景」歌唱節目，可能就是因為這種節目能夠給人「有美女作伴遊山玩水」的感覺，這就是「替代性」的社交活動。乙項所謂「社交上的應用」，乃是指觀眾時常在與人聊天時，談論電視中的情節或人物。人們日常談話時刻會提到電視中人物或劇情，你非「跟上」不可。同時，與家人同看電視也被許多觀眾認為是很有意義的事，這是電視的另一社交上的應用價值。

至於電視是怎樣發揮「加強自我認識」的功能呢？英國的觀眾說：「這節目告訴我，我今天的處境還不是最壞的。」「我能把電視中人物跟我所認識的其他人作一個比較。」「這使我想起了我以往知道的某些人。」

這種「認同」作用可能是鳳飛飛變成紅歌星的一個原因。鳳小姐不屬妖艷型，她長得就像一個「隔壁人家女兒」，許多人的家中或親戚裡面，都可能有一位這個模樣的女郎，廣大無比的「認同」便投射到鳳飛飛的身上了。

電視具有幫助觀眾「試探現實」的功能，乃是因為節目的內容有時可以激發觀眾想出主意來解決自己所面臨的現實難題。譬如有些觀眾說：「劇中人的難題和我一樣。」「這節目有時候幫助我了解我自己的生活。」

個人對自己的價值標準，時常會產生懷疑，甚至動搖。這是任何人所不希望發生的事。電視上則經常播出支持我們價值標準的節目，所以看電視有加強「個人的價值標準」的功能，譬如英國受訪的觀眾中就常有人說：「這節目令人想到家庭關係的重要性。」「這故事充分說明了家人應該怎樣相處。」

英國這一研究並證實了三十多年前拉斯威爾（Harold Lasswell）首次提到的一項大眾傳播功能——對環境的監視。觀眾的回答有這些：

「電視新聞為我們提供思想的食糧。」

「它告訴我一天的大事。」

「看新聞節目可以幫助我注意當局者又犯下了什麼錯誤。」……

麥卦爾等人的這一研究是近年來對電視為何這般吸引人所作的最周全的探討，其餘的研究似乎都沒有超過這個範圍,因此在這兒把它作了一個比較詳細的介紹。後來卡茲(Elihu Katz)和希伯萊大學兩位學者在以色列作的另一項「媒介使用與滿足」研究，所獲得的結果也支持麥卦爾等的發現的可靠性。麥氏特別強調，電視決不只是一個人的「避風港」，用來逃避現實而已（他把逃避功能列入「調劑生活」的大類中），觀眾對電視有著許多的期望，並且利用之後在其中得到滿足。我國政治大學新聞研究所人員（包括我在內）的一次全國性的調查研究（民國六十四年），也發現臺灣地區的電視觀眾與英國或以色列的觀眾沒什麼區別；電視不只是「娛樂」媒介而已，而且能滿足許多的個人需要。我們發現，臺灣電視滿足觀眾各種不同需要的程度高低如下（括號內標明麥卦爾等人的分類）：

一、和家人朋友共同欣賞的樂趣（社交的應用）。

二、尋找快樂（生活的調劑，宣洩情緒）。

三、滿足個人好奇心（試探現實）。

四、打發時間（不屬麥卦爾的任何類別）。

五、增加與人談話資料（社交的應用）。

六、增加新知見聞（試探現實和關切環境）。

七、了解別人對各種事物的看法（確定自我和增強價值）。

八、間接與社會接觸（伴侶關係）。

九、知道國家和世界大事（監視環境）。

十、尋求購物參考（試探現實）。

十一、尋求解決困難的方法（試探現實）。

十二、了解地方事情（監視環境）。

另一臺灣地區較早和規模較小的關於電視觀眾的動機研究，是任玉的碩士論文〈家庭主婦收看電視連續劇動機研究〉（民國六十二年）。她發現主婦看電視的主要原因是：娛樂、宣洩情緒，替代性的參預和日常生活參考。這些也包涵在英國的發現中。

值得令人進一步探究的是，其他的大眾媒介都能滿足這些需求（國內外研究均有此發現），為何都不像電視這般引起閱聽人著迷也似的反應呢？

也許另一位英國學者的解釋值得我們參考，諾波爾(Grant Noble)在他一九七五年的《小小螢光幕前的兒童》一書中雖然是討論電視對兒童的影響，但是有一章〈電視為何如此飽受歡迎〉泛論電視在今日城市化社會中的重大角色。

諾波爾的基本假設是：人對自我的確認，是從別人對他如何反應而形成的；人必須有此「自知」，而且在知道了自己在別人眼中是何「看法」，「有何優點、有何缺點」之後，他才能諧和的生活下去。在城市化以前，這些都不是問題。因為人類有史以來直到工業革命，五六千年都過著聚族而居的部落或村落的生活。在村落社會，人跟家人和族人的接觸，都是親身而直接的，他的周圍似乎都是鏡子，能夠反映出自我，有「自知之明」，人們活得很快樂。工業革命使村落社會城市化，這幅景象也就大為改變了。

在村落社會中，沒有專業化的存在，每個人都是藝人或匠人，在城市社會，各行各業壁壘分明；村落中生活的「韻律」是變化多端的，城市則是單調的；村落中空間和時間都不是有消費價值的商品，城市中則把時空當作消費的商品；村落中沒有隱私，城市生活珍視隱私；

村落中的傳播在家庭中不同年齡的人之間進行，城市中的傳播在家庭外相同類別的人之間進行；村落中重視智慧，城市中重視教育；村落中的新聞與村人有直接關係，可以對之採取行動；城市中新聞不在個人的領域內，你無能為力；整個的村落社會的組織是看得見、察得到的，城市的社會組織無法親自察覺；村落的有機體規模小，互相依存的關係顯而易見；城市的有機體規模大，互相依存關係只能言傳，無法親身體會。總之，村落的生活型態是緊密整合的總體式的，這也許會使「現代人」感到太親密、太拘束；而城市生活只是碎片一般的，斷斷續續的，「現代人」的煩躁和疏離感乃由此產生。

電視來了。它是最類似親身接觸的傳播媒介，它把大家熟悉的相同的內容，呈現在分歧的個人之前，而且一再重複地送進「現代人」的客廳。電視把一部分的村落生活型態帶回城市化的社會了。在大半歷史中過慣了部落生活的人類乃很快就「擁抱」著電視。麥克魯漢甚至預言世界將因電視而「重新部落化」，變成一個「世界村」。

我們無法知道麥克魯漢的話有多真實，但是我們已經確切知道，在臺灣城市，甚至在表面上為村莊而實際已類似城市的臺灣鄉村，電視已經變成了家庭中向外開的窗子，人們經由它觀看他們的「村落」；電視變成了大家的鏡子，人們在它面前，透過認同，察看自己的面目，和觀看自己的親人和朋友；電視變成了村莊的小廣場，人們在那兒聊天和交朋友，為那些朋友高興，為那些朋友流淚，或者為自己較好的命運而暗喜；電視甚至為人帶來美好的異性夥伴，陪著郊遊，還一邊唱情歌。……一切「現代人」所渴望的親密和直接的人際關係多多少少都已被電視「恢復」了。

這也許就是現代人為什麼離不了電視的原因吧。

民七十一年三月廿六日《廣播與電視》月刊

社會變遷與看電視行為

目前我們生活的時代中有很多因素直接影響我們的行為，不只是看電視，還包括其他許多行為。現在整個社會都很關心電視，而電視問題也屬於某種層次的文化問題。

看電視是我們接觸外面世界的行為之一，也是消遣，求知的行為，每個人對電視都有不同的用法。

現代生活和從前的不同

社會的變遷，使我們和老祖父的時代大不相同。

第一個特徵是，我們目前是個分工的時代，譬如我是工人、你是農人，我是教師、你是商人，有非常明顯的分工。而老祖父時代則不同，他們使用的工具是自己做的，可以說是個工人。他們會做一、兩道菜，他可能也會哼一、兩句平劇。當然他們也有些分工，但主要靠自己動手做，不需要到超級市場去購買。

第二個特徵是，我們的時代很多專門化的東西，這也和分工有關。重視專門化的設備，不但是分工細密，每個專門的問題都有專門的人研究；譬如要談大眾傳播問題，也許要請教新聞從業人員。但在老祖父的時代，請一個人來演講，也許他什麼都能講。

第三個特徵是，我們的時代比較缺乏變化。這種說法或許會使大家懷疑，眼前的花花世界，像萬花筒般地瞬息萬變？但基本上，每個人的生活都沒有太大變化。這和分工有關。分工之後，術業有專精，因此每個人的生活就顯得非常單調。而從前的時代則不然，他們的生活極富變化，工作時可以娛樂，例如我們所熟知的山歌中就有採茶歌、插秧歌等，可見生活中的變化。

第四個特徵是，我們的時代不論時間、空間都用金錢來衡量其中的價值。古時候即使時間有價值，也不顯著，同時我們的時代不能忍受和日常不同的畸型情況，而在我們老祖宗時代，卻都能忍受。

我們對跟平常不同的東西會排拒，而老祖宗的時代或部落社會，他們能容忍奇異的東西。舉例來說，前些日子頗受矚目的龍發堂問題，是老祖宗時代不會發生的狀況，他們能夠容忍家中有個不太正常的人。而現在社會中，如果家裡有個不正常的人，則會隱瞞或把他送走，這是個顯著的例子，也是今日社會中較大的特徵。

第五個特徵是，重視個人隱私。我們常說中國傳統社會不太重視個人隱私，但目前的社會大家都很注重隱私權，這種情形卻不會產生在古老的社會中。那時候的家庭是開放的，不會築高牆、裝置鐵欄杆，大家都是「通家之好」。

第六個特徵是，在我們的社會裡，彼此的溝通多半是和相同層次的人相互進行；譬如：學生和學生，教授和教授。而從前的社會則在家中和不同的人進行溝通，如父子、祖孫之間的親密關係。而目前兩代之間的溝通並不理想。

第七個特徵是，現代社會比較重視教育和經由教育獲得的知識，而古老社會則較重視從經驗中得到的智慧。

第八個特徵是，古老社會中，若發生任何新聞事件，他們都可有所作為，貢獻一己之力。譬如：發生火災，會去救火；有人生產，會去幫忙。而現代社會中的各種事件發生，我們除了看報，能做些什麼？

第九個特徵是，古代的社會組織相當明顯，在部落中權力的結構也十分清楚。而現代社會結構卻相當複雜，而且隱藏難見。我們是一個國家，有政府，屬於世界的一部分，但無法

「看」得見；中華民國五權分立，但這在法律條文中卻是非常抽象，也是無法「看」得見的。

以上九個特徵影響了我們處理事情的方式，包括影響我們對電視的態度，使我們無法離開電視機。

電視協助人們發洩情緒

我們不難發現社會中的特性會激發某些人類的需求，而從看電視的行為中，我們可以找出滿足需求的途徑，當然也有其他可以滿足需求的方法，但電視卻是比較方便、容易控制，而又存在我們身邊的。

我們究竟有那些需求呢？

一是要求變化，因為我們的生活十分單調，上班時不能唱歌，因此必須調劑生活。二是在人際關係中，因為強調分工，人們的溝通有限，需要補救。三是心理上的需求，需要解除孤獨的感覺。最後的需求則是監視環境變化，必須找出代替眼、耳所不能擔負監視責任的東西。

第一，先談我們有謀取「變化」的需求。若有能使生活產生變化的東西，我們就會迫不及待地去利用它，如：大眾傳播媒介，而電視就是其中的一項。

但電視上接觸到的生活變化，和我們之間的差距相當大。如工人每天七、八個小時，不斷地重複一項動作；公務員則是日日埋首在辦公桌上。古時候的人在工作中不忘娛樂，現代人卻需要不斷地變化、調劑。

電視一方面能調劑我們的生活，還能提供情緒的發洩。在現代社會中我們受到許多壓抑，如：我們是文明人，生氣時不能打人；上班也不能唱歌；甚至在路上碰到紅綠燈，也會被指示往這裡走、往那裡走。因此被壓抑的情緒需要發洩。電視中有人高興、有人悲傷，都能在我們看電視時，幫助我們發洩。

電視改善人際關係

第二，我們都有建立人際關係的需求。在現代社會中，人際關係不夠豐富，住在公寓中不相往來；甚至有些朋友把汽車貼上黑紙，不讓人看清他的面目；這就是重視隱私，但卻違反人性。我們想交朋友，社會卻禁抑了我們。

電視卻提供了我們改善人際關係的機會，第一、它提供替代性的社交。電視上有許多現實社會中找不到，而我們樂意與他交往的人物，這正是大眾傳播的功能。例如漂亮的女明星、英俊的男歌星，都可能是生活中我們樂意接近的人。還有如總統、院長、科學家等，都是我們不可能交往，卻嚮往與之親近的人。

電視節目中常有帶我們遊覽世界各國，還有唱歌給我們聽的漂亮人物，這就可以滿足某些人現實中無法達成的人際關係，有虛幻的替代性，使得這樣的人物成為我們大家的朋友，而變成了「明星」。

其次是大眾傳播媒介，常提供我們茶餘飯後的聊天資料，尤其是電視。因為現在的人工作範圍不同，在一起可談的話題太少；而電視提供了資料，如戲劇節目等，假設我們不接觸電視，缺乏「談助」，就會在社交場合中感到孤獨。

所以我覺得不讓孩子看電視是非常殘忍的，因為小孩子玩遊戲都是利用電視上的動作、言語，扮演不同的角色。假使孩子不知道這些，在學校就可能無法與人交談、相處。這也是我們大人不能離開電視的原因之一。

此外，看電視也是一種社交方式。看電視有時就是為了陪伴親人消磨時光，而從中得到滿足、樂趣。以看電影來說，很少人會獨自到電影院，總要找個合適的人一起觀賞。看電視也是如此，孝順的女兒陪媽媽，體貼的先生也會陪太太。我就常陪太太看電視，我覺得自己有這個義務。

有人認為，家庭中會因選電視臺問題或專心看電視，使家人沒有空暇交談，家庭關係因而受到影響。我不否認，也許在原本就不和睦的家庭中會產生這種情形。但我認為在人際關係良好的家庭中，他們會更善於運用各種方式增進感情。所以從人際關係的需求上來看，我們離開不了電視機。

透過電視尋求認同

第三，則屬於心理上的需求。首先談到，在電視上可以找到可認同的人物。前面提過，在目前社會中，我們會感到孤獨、無助，在新聞發生時不知能做些什麼，不知自己的地位。因此總希望找到可以認同的人，從他的滿足中滿足自我；從他的重要性中肯定自己，減少孤獨的感覺。

電視、電影中即有許多可令我們認同的人物，他可能不漂亮，卻很平實，像鄰家的妹妹、像我們之間的人。他們的成就令人崇拜，都使我們高興，好像我們也受到肯定。其實他們和我們相距甚遠，或許他們居住的環境和我們不同，但被創造出來的形象卻和我們大致相同。

有些人認同英雄。自己辦不到的事藉由認同螢幕上的人來達成。小孩子更容易產生認同行為，因此卡通影片才會有無比的吸引力。小孩子甚至會認同動物，像有名的靈犬萊西。

萊西在人的世界裡，受歡迎時人就把牠抱在懷中，不喜歡時也會踢牠一腳。小孩子覺得自己和牠一樣，乖巧的時候，父母視之若寶，不聽話時就處罰。所以小孩子喜歡萊西就是認同的作用。

認同心理就是一種補救，讓我們分享了快樂和悲哀，才不會覺得孤獨。由於我們對自己的價值觀沒有信心，會懷疑自己堅持的東西，心理上也想從大眾傳播上得到支持，透過電視上可以找出某些表現，證明我們的價值觀是對的。像青年男女或許會懷疑愛情，但電視中卻把愛情的堅貞、美好表達得淋漓盡致，自然加強了他們對愛情的信心和珍視。

利用傳播媒介監視環境

一般人認為家庭生活很重要，但對如何維持家庭制度又產生懷疑。電視、電影中經常會強調家庭的重要，這是大眾傳播界比小眾傳播好的地方，例如小說時常會懷疑家庭存在的重要性；但電視、電影卻多半強調家庭的重要性。很多觀念容許在大學教室中出現，卻不能出現在電視上。

還有些工具性的價值，例如對忠、孝、誠實、勇敢的重視，我們偶爾也會產生動搖，這時電視會告訴我們這些道德的意義，鞏固我們的這些價值觀。

心理上另有一個需求，是每個人都要求充實自己、有所作為、能控制環境。而大眾傳播媒介提供我們機會，告訴我們很多解決問題的方法，也就是知識性的材料。大眾傳播就能對我們有所幫助，所以我們離不開電視。

最後一個強烈的需求是監視環境。造物者給我們眼睛、耳朵，是要去了解社會、追求機會、躲避災禍，對動物亦然。像我們最討厭的蟑螂即靠著觸鬚了解環境；人也是有眼睛、耳朵，才能躲開災禍。

但耳朵、眼睛已不足以讓我們了解這個環境。電視和其他大眾媒介變成了我們的耳目，例如颱風，除非到了很近的地方，否則我們看不見，必須靠「新聞」才知道它何時駕臨。百貨公司打折，也是得從報上才知道，這就是機會。

還有例如災禍，我住臺北市木柵動物園旁邊，有個福德垃圾坑也許就會產生毒氣，威脅到我的生命。報紙說木柵有酸雨，我沒有真的嘗過酸雨，或許我頭髮少，就是淋太多酸雨。這些都是大眾媒介告訴我的。

電視不足以滿足人類需求

現在的問題是：大眾媒介（電視等）固然可以滿足我們上述各種需求，但是由於很多原因，它們卻不是滿足我們需求最好的途徑或工具。今天大眾媒介備受公眾批評，就是因為它們沒有妥善發揮滿足我們需求的應有功能。

所以，我們過分倚靠電視來滿足上述四類需求是相當不智的。

我們可以去追求更健康的滿足方式，譬如調劑生活，為什麼一定要去看人演戲？看人生活有變化？我們是不是可以學玩樂器，讓自己唱歌、唱戲，那不是更好？不要做一個「旁觀者」，要做「主動者」，也就是不要光看別人演戲、演奏，同時，自己有一些調劑生活的方法，如釣魚、找朋友聊天、下圍棋等。

利用電視進行人際關係是替代的、幻想的，我們何不用參加社團、串門子結交朋友，何苦從電視上去交假朋友？社交方法很多，不一定要靠大眾傳播媒介。

心理上的認同也有很多途徑，電視上可認同的人是假造的。我們可讀些歷史，歷史有很多真實性的人物和我們相同。認同《三國演義》、《水滸傳》中各種人物也比電視明星好。我們可從讀歷史、文學中去找認同，培養志節。

培養各種興趣，多結交朋友

歷史資料也可以增強價值觀，其中愛國、誠實的故事更具真實感；我們更可在書中滿足求知慾。大眾傳播知識有時是為了推銷某種商品而假造，並非是真實的知識。廣告中就有很多假知識。受到學者肯定的書才是真知識。

而在監視環境上來說，我們視野太窄，非靠媒介不可。但最好我們能自己去觀察，不妨對媒介採取一種懷疑的態度，可以從好書中獲得政治、經濟等知識，來判斷媒介的正確與否。

總而言之，假使我們能夠在接觸大眾媒介以外，發展其他休閒興趣，例如棋、琴、書、畫、運動旅遊，並且拓展實際的人際關係，多交朋友，多參加社團，你的各項生活需求都將獲得更為合理的滿足，可以從電視的俘擄下解放出來，過著合理健康的生活。

民七十六年一月《婦女雜誌》，翁瑞佑根據口述整理

我國大眾傳播媒介的文化表現

——在「文化建設與傳播媒介」研討會講詞

今天向各位報告的，只是一些個人根據我們對文化的了解和大眾傳播媒介的功能、性質所做的一些觀察與揣測而已。

在進入本題之前，我們先討論一下傳播與文化間相關的一些理論作為背景的了解。

一、傳播與文化的理論

早期研究傳播的學者拉斯威爾曾提出的傳播社會功能的說法。他認為傳播有三種重要的社會功能。第一是守望環境，其次是協調意見，第三即是傳遞文化。傳遞文化的功能就是把一個社會的傳統文化傳交給社會新的份子，新的一代，即是將上一代的文化傳給下一代。其實大眾傳播不只傳遞文化而已。但是，在傳遞過程中，文化也會產生變化。

美國學者Bernard Roseuberg在《大眾文化——美國通俗藝術》一書中指出：大眾傳播媒介對於人的「自主性」(autonomy)形成威脅。因為傳播媒介的出現，替代了人們的感官。人們透過報紙、電視等各種傳播媒介觀看環境，媒介並為閱聽人解釋環境，使大家對世界的看法漸趨一致。這種不可避免的通俗性，破壞了一切藝術、知識、倫理的形式，造成文化的損傷。

法國人Alexis de Tocqueville在所著的《美國的民主》中認為歐洲貴族社會的文化產品與美國的民主社會文化產品有很大的不同。在貴族社會每一種技藝都結集成一個顯著的階級，各個階級中，藝人彼此都熟悉，藝術家在其中爭取榮譽——受同行人之鑑賞。藝術家的目的是要在同行中突出，圖利則居其次。貴族們尊重恆久的優美的藝術。民主社會中，藝術家所關心的是藝術的欣賞者與消費者，流動性很高。在貴族社會中藝術的品賞者都是貴族和有錢人，他們是固定的階級。民主社會中欣賞藝術的人，不是少數人而是廣大的群眾，他們對藝術品需求的增加，大過於財富的增加。其結果是使藝術品多產、價廉、文化必然走向通俗化。

美國人Dwight MacDonald將美國文化分成三類：一、高級文化即貴族文化。二、大眾文化即通俗文化。三、民俗文化即地方本土文化。他強調大眾文化的出現，使得貴族文化與民俗文化日益萎縮。通俗文化趨於「同質性」，而且產量高，使得民眾的文化欣賞水準降低，影響整個社會的文化品質。這類似劣幣驅逐良幣的Greshem 法則。

加拿大人 Marshall McLuhan 則從另外一個角度觀察傳播媒介與文化的關係，他是一個「技術決定論者」，認為媒介的內容不足以影響文化，真正影響文化的是媒介的本身。就是透過不同感官接收訊息會有不同的結果。例如印刷時代人們透過書籍獲取訊息，思想方式呈有先有後的線型特質。電子媒介時代，各種訊息同時出現刺激各種官能，使人好像受到按摩，看世界的方法乃大異於印刷媒介的人。以上諸點是與文化有關的一些傳播理論。接下來我想再討論大眾傳播媒介的性質。因為唯有了解其本質才能進一步探討其對文化的可能影響。

二、大眾傳播媒介的性質

(1)單方向的傳播：大眾傳播媒介是單方向的，因此大眾傳播媒介無法得到立即之回饋（反應），媒介必須從其他方面來推測閱聽人對其訊息如何反應。

(2)必須出售閱聽人之注意：在自由經濟制度下，營利是傳播媒介經營的必要手段，而它的方式有二種：出賣產品本身；出賣閱聽人的注意，這就是廣告。

(3)科技的倚賴：所有大眾傳播媒介都必須依賴科技，而每一個社會都少不了大眾傳播媒介，一個國家科技的強弱直接影響到大眾傳播事業的發展。

(4)屬於文化的上層建築：電影、電視等這些文化產品是文化的上層建築，這些上層建築要靠基層建築——包括文學、音樂、戲劇、舞蹈、繪畫等作為基礎。所以大眾傳播事業的良窳，必須倚賴基本文化建設。

以上四點特質產生四種結果：

單向傳播：傳播媒介不能由直接的方式得到回饋，只有從別人的「成功」中，推想、揣測某些「模式」而一窩蜂的仿傚，根本不顧及文化問題。

出售閱聽人的注意：通俗易懂、訴諸基本感官的東西，比較能得到人們的注意，所以造成傳播媒介普遍的通俗化。

科技的依賴：科技弱的國家必須仰賴科技強的國家來發展本身的大眾傳播事業，影響所及弱國出產的文化產品，必然次於強國的產品。而這些先進國家的文化產品以強勢地位侵入落後國家，使得落後國家不得不以「保護政策」來維護自身大眾傳播事業的生機。

文化的上層建築：我國雖有豐富的文化資產，但今日似乎在任其荒蕪，所以今後加強基層文化建設實為重要課題。

三、我國大眾傳播媒介的文化「業績」

在我國，今天文化在媒介上的對抗，方式有三種：

(1)以地域言：城市的通俗文化對鄉村的民俗文化。

(2)以來源言：西方文化對中國文化。

(3)以品質言：高級文化對低級文化。

下表顯示文化對抗的概況：

文化 場地（大眾傳播媒介）／對抗	民俗↔通俗	中國↔西方	高級↔低級
報紙	P ＞ F	W ＞ C	L ＞ H
雜誌	P ＞ F	W ＞ C	L ＝ H
廣播電視	P ＝ F	W ＝ C	L ＞ H
電影	P ＞ F	W ＞ C	L ＞ H
總結果	P ＞ F	W ＞ C	L ＞ H

註：P：通俗、F：民俗
W：西方、C：中國
L：低文化、H：高文化
＝：表示「勢均力敵」
＞：表示「勝過」

由上表我們知道，通俗的、西方的、低級的文化在整個傳播媒介中，佔有極大的優勢。當然這不能由媒介本身負完全的責任，文化消費者的品味亦難辭其咎。

四、結語

我們展望文化的未來發展，似乎可以看見文化「品味」階級系統的出現。

在傳統的社會中，文化品味的高低和社會及經濟地位的高低成正比。而在未來社會中、生活水準大幅提高、社會事務日趨複雜，其結果是大眾文化品味提高，且趨向多元化。這種個人文化品味和社會地位分離性的演變，必將出現一種獨立於社會及經濟地位以外的文化品味階級。這種現象將反映在傳播媒介的內容中。在品味階級出現的同時，傳播科技的進展也將逐漸使傳播媒介脫離單向傳播的時代，而進入有線系統的雙向時代。這兩個發展將使媒介趨於「小眾化」，前述傳播媒介的四個基本特性可能消失，這些發展可能有助於多元的精緻的文化的形成。

民七十四年四月文建會與大傳協會出版《文化建設與大眾傳播媒介》

簡述臺灣學界傳播研究中國化的努力

一、前言

臺灣的傳播研究是自西方，特別是美國，輸入的一個學術部門。與其他社會科學相較，傳播研究在臺灣，跟世界其他地區相同，也是相當幼嫩的一個學術領域。學者們在努力消化西方理念之餘，沒有剩下多少精力去探究他們自己文化中關於傳播的理念和智慧的庫藏。

把目光轉向自己文化傳統，把傳播作為制度或行為的理論性探研主題，還是最近十幾年來的事。不過中國傳播史的研究則是在較早的時期就已有人從事，而且頗有成果。

掃視這些年來學者們的研究成果，可以發現他們努力的範圍大致可分為下列七類：傳播觀念、傳播一般理論、人際傳播、非語文傳播、口語傳播、政治傳播、和傳播倫理。如果將「傳播研究」作廣義的解釋，則傳播史也應列入。

二、研究課題

如果歷史的研究亦被視為屬於傳播研究領域，到目前為止，臺灣學者所觸及的中國傳播研究大致有八大類別，茲分述於後：

(1)傳播史　這是一個在西方傳統中的傳播理念引入之前，就已相當活躍的研究領域。除大學新開學系中國新聞史科目的教科書外，史的專門著述頗為蓬勃。重要作者有朱傳譽和研究清末報業很有成就的賴光臨等位。朱氏重要著作有《宋代新聞史》（商務，一九六七），《中國民意與新聞自由發展史》（中正，一九七四），賴光臨的主要著作有：《中國新聞傳播史》（三民，一九七八），《中國近代報人與報業》（商務，一九八〇），和《七十年中國報業史》（中央日報，一九八一）等。

吳東權的《中國傳播媒介發源史》（中視文化，一九八八）與其他大部分史書不同，他所說的「媒介」不是media，而是指傳播科技、工具、文字和其他的資訊載具等器物。傳播史也一度是政大新聞研究所碩士班論文寫作的主題。例如：洪桂己的〈臺灣報業史研究〉（一九六八），閻沁恆的〈漢代民意的形成與其政治之影響〉（一九七一），張玉法的〈先秦時代的傳播活動及其對文化與政治的影響〉（一九七五），石麗東的〈「萬國公報」的西化運動〉（一九八一）……等。

《報學》半年刊早期曾是新聞史研究者發表作品的主要園地，所刊出的重要論文收印在該刊叢書第六種《中國新聞史》（學生書店，一九七九）中，內有抗戰時期史料多篇。

(2)傳播觀念　擅長通俗寫作的學者作了一些努力把中國文史中的傳播觀念推介出來。關紹箕這方面的工作做得最多，例如《溝通100：中國古代傳播故事》（遠流，一九八九），〈中國諺語中的慎言思想〉（《臺灣新生報》，一九九二年二月十一日），〈「西遊記」反映的傳播問題〉（《臺灣新生報》，一九九二年九月十九～二十一日），和〈賈寶玉與林黛玉的人際傳播問題〉（《臺灣新生報》，一九九一年十二月二十四，二十七，二十九日）都是出自關紹箕的手筆。前述張玉法碩士論文中也簡略涉及一些傳播觀念。這兒應提的另外一文是莊金城的〈荀子教育思想中的傳播概念〉（輔大碩士論文，一九九一）。

(3)一般傳播理論　在臺灣仍舊沒有人用比較有系統的方法來就中國古籍中所可能蘊藏的傳播理論作一次統合整理和闡釋。但在特定主題下發掘中國文化中傳播理念的作品，有時也會簡略涉及一般性的傳播理論，例如方鵬程的〈先秦合縱連橫說服傳播研究〉（政大碩士論文，一九七三），魏蕙駒的〈探索荀子學說中的傳播理論〉（政大碩士論文，一九八〇），關紹箕的〈先秦非語文記號思想之研究：一個思想史與理論建構的綜合分析〉（政大博士論文，一九八七），胡元孝的〈孟子口頭傳播的特質及其影響〉（政戰學校碩士論文，一九八五）和祝基瀅、王石番、關紹箕的《先秦傳播思想之整理分析——非語文記號思想之研究》（國科會專題研究，一九八五），以及關紹箕的〈劉子傳播思想初探〉（《報學》，一九九一年二月）等。

(4)人際傳播　關於中國人的人際傳播，徐佳士作了一次非常簡略的「初探」。這是他在香港中文大學與國立政治大學於一九七八年在臺北合辦的「中國傳播學第二次座談會」上的報告，迄今仍未刊印發表。在這一領域的研究還有胡幼偉的〈分析「論語」中的人際傳播概念〉（政大碩士論文，一九八七）。下面一段檢討的非語文傳播研究類別中的作品大部份也簡略或零星地涉及與它們有關的人際傳播問題。

(5)非語文傳播　這方面的重要作品有前述關紹箕的博士論文〈先秦非語文記號思想之研究〉，全文三十五萬言。他以思想史方法探討了儒、道、法、名、墨、縱橫、雜、兵八家及其他人物的非語文記號思想，並試圖建立一個理論，是一件比較有系統的中國傳播理論的學術作品。這一領域另一作品前述祝、王、關三人的先秦非語文記號研究，主要內容沒有超越關紹箕個人的論文。

楊喜漢則在京劇中探討了演員的非口語傳播（政大碩士論文，一九七五），關紹箕的〈劉子傳播思想初探〉、〈「西遊記」反映的傳播問題〉和〈賈寶玉與林黛玉的人際傳播問題〉三文中也論及非語文訊號。

(6)口語傳播　以中國人口語傳播為探討焦點的有前述胡元孝的〈孟子口頭傳播的特質及其影響〉和關紹箕（發表時署名尚儒）的〈中國諺語中的慎言思想〉。不過這兒的「言」除口語外，包括書寫語言。前述探討人際傳播的作品，也偶有涉及口語行為的。

(7)政治傳播　專門討論中國文化中的政治傳播的作品是彭武順的〈「詩」在周代政治傳播上的應用〉（政大碩士論文，一九八八），作者是對詩歌這一特殊媒介作一項特定傳播的探討。此外，前述歷史研究中諸作，特別是閻沁恒的〈漢代民意的形成與其政治之影響〉與張玉法的〈先秦時代的傳播活動及其對文化與政治的影響〉也都可歸屬政治傳播範圍。

(8)傳播倫理　中國文化中對傳播倫理是很重視的。這方面探究不多，嚴智宏的〈探討論語孟子對言論之基本理念〉（政大碩士論文，一九八九）則在這方面著墨甚多。關紹箕的〈中國諺語中的慎言思想〉則在其標題上就透露了內容涉及傳播倫理。

三、研究素材

前述各類別的研究，所根據的素材來源是頗廣泛的，大致屬於下列諸類：

(1)歷史文獻　上述第一類「傳播史」中諸作，與一般歷史研究相同，是根據歷史文獻而撰寫。有關先秦諸家以及孔孟等人傳播觀念諸作品中，除言論外，個人行為的描述，也以史書為根據。

(2)名家思想　在理論性質較高的作品中，多半以各家思想為研究對象。如方鵬程、關紹箕等先秦傳播思想的研究，魏蔭駒與莊金城研究荀子，胡元孝研究孟子，胡幼偉與嚴智宏研究孔孟，關紹箕研究「劉子」（劉書或劉勰）等。

(3)人物故事　上述各家思想的研究，除思想外，時常涉及個人的行為（故事）。通俗作品《溝通1000》（關紹箕）的副題就是「中國古代傳播故事」，其中很多都是歷史上實際存在的各種行業人物的故事。

(4)藝文作品　傳統的藝文作品中蘊藏著足以表現文化獨特性質的傳播行為與觀念。臺灣傳播研究者對這一寶藏有點忽略。不過已有關紹箕注意到《紅樓夢》和《西遊記》，楊喜漢注意到京戲，彭武順則注意到《詩經》。

四、結語

對臺灣學者近年來傳播研究中國化的努力作了這番簡略檢討之後，令人產生了下面這些觀感：

(1)在臺灣，傳播作為一個學術領域，已開始步出純然接納西方成果的階段，很多在臺灣所做的研究固然大致上仍舊是西方同類研究的複製，但是真正本土性的探討已越來越多。

(2)要達成建構中國化理論的目標，似乎有待從事更多的努力。一個很明顯的事實是：絕大部份的研究，儘管素材是中國的，理論模式或架構仍舊是西方的。

(3)從事這一學術工程的人士似乎還是相當稀少，而且侷限在大學新聞與傳播科系。研究生的碩士論文佔了研究成果的極大部份。

(4)跨學門的努力似乎尚未出現。從中國傳統中探研人類傳播，有待文、史、哲等學界人士以及社會、心理、人類等行為科學的學者共同努力。但在臺灣除了傳播領域的人士外，其他領域的學者，對這工作似乎都很冷淡。他們對傳播研究本來就沒有表現過熱忱。

(5)從事「中國化」研究必須鑽研浩瀚無際的古籍，這對目前臺灣學術界人士有很大的嚇阻作用。一方面，流行的功利價值觀念使人對於皓首窮經的工程望之卻步；另一方面，閱讀古籍能力薄弱也令人有力不從心之感，不敢貿然投入。

民八十三年七月〈從零開始：首屆海峽兩岸中國傳統文化中傳的探索座談論文集〉，廈門大學出版

中國傳統中人際傳播特徵初探

根據一般所接受的定義，人際傳播是指在兩人以至二十人的群體中，個人之間透過共同的符號系統，試圖相互影響的一種過程，在這過程中所有的份子都被容許有同等的機會來產生影響。

從這一定義來看，人際傳播的範圍包括「兩造」(dyad)傳播、三邊傳播和小團體傳播。演講會之類的公眾傳播(public communication)和大眾傳播不屬它的範圍。

儘管人際傳播的參與或行動者可以多達二十人，但是這類傳播的基本單元則是兩造的。可能是為了方便，學者們也多半從兩造傳播出發來探討人際傳播，甚至把兩造的關係看為一切面對面傳播的基礎，本報告也是如此。

在兩造人際傳播的過程中，至少有下列四個方面特別受到重視：⑴自我觀念，⑵對他人的理解(perception)，⑶關係，⑷訊號——特別是非語文的(nonverbal)訊號。前三者對於個人在面對面的局勢中，如何傳和傳什麼，都產生重大的作用。而第四項則是他（們）互傳的符號。

假使要尋覓中國傳統中人際傳播的特徵，也許從這四方面來探討是一個可行的途徑。

一、自我觀念

在西方理論架構中，自我觀念大致包含一個人自己對自己的映象(image)、評估、認定、和他的整個態度和價值系統等，同時也包含他自己所認為的別人對他的看法或預期。自我觀念至少以兩種方式影響一個人的傳播行為：(1)在傳播中促成自我預期的實現（self-fulfilling prophecy 作用）——他會依照他認為自己是怎樣的人，而怎樣來行動。(2)根據他自己的價值系統以不攪亂這系統的方式送出訊息，挑選面臨的訊息，並處理(processing) 訊息。

在中國傳統中，表露這一理論的資料，似不多見。習慣語中勸人要有「自知之明」，似乎是警告勿陷入identity crisis 中。一個人如有自知之明，就是對自己的感受、信念、目標、和與他人的關係有所瞭解，而且加以接受，以達成一個健康和統合的自我。如此，與人交往就不致發生困難。

「知足」也是中國傳統所重視的。「知足」的積極意義，似乎是促使個人欣然接受自我觀念，而不一定是消極的勸人滿足現狀。

二、對他人的理解

一個人對他人的理解，和他對整個世界的理解是採取同一方式的。他要求有一個秩序井然的，穩定平衡的景觀。「好人」一定做「好事」，這一預期當然會影響人際傳播中一個人怎樣來接受和處理對方的訊息。同時，對他人的看法或預期，可使他人建立一個特定的自我觀念，而令他依據這個觀念而實現自我的預期。（這也許可以當作反對臺灣地區國中依能力分班的一個理由。）

根據我們的諺語，「狗嘴裡長不出『象』牙來」，這說明了對他人的理解如何影響對此人訊息的解釋。傳統的「戴高帽子」技倆，則是幫助被戴上這頂帽子的人提高自我評價，進一步去實現自我的預期。

不過在中國傳統中，關於「如何看他人」方面，比較獨特的，是從一個人的軀體特質，來判斷這個人格特性與德行，甚至前途，因而發展了「相術」。相術盛行後，根據外貌而建

立的「刻板印象」(stereotype)乃應運而生。(鷹鉤鼻子的人陰險；下巴短的人短命……等)

三、關係

由於二人之間的「關係」對人際傳播有重大影響，美國學者近年來在人際傳播中發展出一門「關係傳播」(relaional communication)的學問來。它的研究對象為：關係的建立、發展、控制、衝突、和維持等。美國的關係傳播研究者所看到的關係型態有「對稱」(symmetry)和「相稱」(complementarity)兩類。在前一類關係中，一方統御式的立場引起對方相同的反應，二者相持相對；在後一類關係中，一方統御式的立場引起對方的接受或屈從，二者相輔相成。

中國的「關係傳播學」散見在很多聖賢的言論中。關於兩人關係的最有系統的說法可能是「五倫」觀念——君臣、父子、夫婦、兄弟和朋友。五種關係的型態是「五常」——父子有親，君臣有義，夫婦有別，長幼有序，朋友有信。而這一切又建築在「誠」上。與美國關係傳播理論不同，這些關係的型態是指定式的(prescriptive)。「禮」是建立關係的工具。中國的聖賢認為只有建立這些關係，一個社會才能達成和諧完美。《禮記》中的許多篇幅更具體地規定應該用怎樣的外顯行為（語文或非語文的）來維持和發展這些理想的關係。(例如：「先

生與之言，則對；不與之言，則趨而退」。「從長者而上丘陵，則必鄉長者所視」。……等）

四、訊號

人際傳播的一個特色是有大量非語文的交流。大部份非語文訊號和語文訊號相同，是文化的產物。所以中國人的非語文傳播異於其他人民的，應為研究中國文化中人際傳播的一個主題。

非語文傳播訊號包括：軀體特質、聲音特性、身體運動（體語）、面部表情、觸摸、器物、空間、地點和時間等。中國人在人際傳播中怎樣使用這些訊號呢？

軀體特質（如相貌、體型、和膚色等）和一部份聲音特性是天生的，人無法操縱自如，中國人對它們並沒有特殊的使用方式，只是接受這些訊號的人，會對它們作成異於其他文化的解釋而已。這點是與其他訊號相同的。

但是，其他的非語文訊號則是或多或少可以由人操縱的。中國人在使用這些訊號時，似乎比西方人（如美國人）較為謹慎而禁抑。例如，身體運動（包括姿態、手勢……等）、面部表情、觸摸（如擁抱和接吻等）、器物（如「奇」裝「異」服等），大致不會為所欲為，而相當「保守」的。西方人說中國人神祕，可能就是這種禁抑所造成的。但是對另一些非語文的訊號——空間、地點、和時間，中國人會作較充分的使用。國人對於方向、空間的「上」「下」和「遠」「近」，地理位置、日期及時辰都賦以豐富的意義，並十分重視，而且發展出了一些「學問」來。（算命和勘輿之類。）

中國人還長於使用一項獨特的非語文訊號：他的整個行為範式如「以德服人」，「言教不如身教」等，便是認為這種獨特的非語文行為，在人際傳播中可以產生效果的說明。

在語文訊號方面，中文用語中有一些表示人際關係的獨特設計。例如「您」，「鈞座」，「閣下」，「賤內」，和「愚兄」……等。

民六十七年六月在臺北「中國傳學第二次座談會」中報告

附錄

大眾傳播衝激下的文化沈思（座談記錄）

出席：成中英教授（美國夏威夷大學哲學教授暨東西文化中心傳播研究所高級顧問）
　　　徐佳士教授（政大新聞研究所教授暨文學院院長）

列席：彭懷恩、楊志弘（中國時報）

整理：董士毅（中國時報）

編按：在大眾傳播衝激下，人類文化走向普遍性和一致性，文化漸趨世界化；但，對於有歷史背景、特色的文化，是否會喪失原有風格？甚或遭受壓抑而夭折呢？同時，西方國家掌握了國際傳播的控制權，也就掌握了解釋資訊的權力，造成國際社會「傳播權」的不均衡，使得民族主義和國家主權的敏感性更加濃厚，導致國際間磨擦的加劇。

其次，傳播對於文化建設具有可觀的助長作用，因此，善用傳播來從事文化建設是可行的有效途徑。可是，如果大眾媒介上充滿低俗、膚淺的內容，不但不能助長文化建設，反而成為一種文化負擔。

上述課題，在「文化建設」聲中，是不容隨意輕忽的，這是〈時報雜誌〉舉辦這次座談的目的（本座談整理成稿後，未及送交兩位出席教授過目，謹致十分歉意）。

成中英：傳播與文化的關係相當密切，今天，傳播在科學技術高度發展下，顯然已經成為一種世界性的現象；而文化則受到地域上與歷史上的限制。

世界性的傳播過程與方式，一方面影響了文化，使文化有更新的發展趨勢，另方面又對有歷史背景的文化產生限制作用。故傳播本身對人類文化的認同、交流與自主具有何種意義與影響，是我們今日所面臨的大問題。

現今，一般所言的傳播，指的是communication，就「傳播」的字義上來看，似乎僅是一種輻射性消息的發佈，但是，communication 的本意，實非「傳播」二字能完盡的表達。若從理論的觀點言，「傳播」實際牽涉的範圍極廣，大凡國際間的交通，國家間的交通，人與人間的交通，組織與組織間的交通，文化與文化間的交通，地域間的交通均囊括在內；而這些層次的交流，可能是藝術的、經濟的、政治的，或其他科學技術方面。

傳播走向世界化

近代人類的生活受傳播的影響至深，致使傳播本身即成為一種文化體系。因此，個人在表達意見或傳播消息時，必須先考慮到所要表達的方式、目的與後果。再者，由於科技的進步，傳播走向世界化，將全球都涵括在一起；同時傳播的權力也開始集中化，集中在少數能掌握新聞來源或得以影響傳播機構的團體，它們有權力去決定何種消息應該傳播，何種消息不應該傳播。在這種情況下，傳播成為一種文化體系，與具有主動傳播能力的文化結為一體，進而帶來以下兩種結果：

一、由於傳播事業的發達，縮短了世界的距離，使吾人深覺自己是生活在一個有機體裡，這世界所發生的任何事情，都可能干擾我們的心理狀態，影響我們的判斷、知覺與思想。

事實上，傳播不只是一種過程，它還代表科學技術的進步，多國商業組織的增進，高度工業化的情況，都市化、自動化、電腦化的過程，或知識、控制系統的建立；更代表人類之間的活動及某種制度的存在。在這些大前提下，傳播促成人類社會密切的有機觀念，造成世界的緊縮。使人類更覺自己生活在此有機體內，個人的所作所為，足能牽一髮而動全身；因此，每一訊息的傳播，都可能影響到人類當前的情況、決策與生活。

二、傳播是一種普遍性的存在，因此具有相當主動力量的傳播過程或決定內涵的傳播機構與傳播方式，可影響當地的文化，這種影響又可分兩方面言：

①傳播增進人類文化的普遍性。

②由於同一訊息在各地傳播，使人類的觀念趨於一致。

文化保存的隱憂

然而，傳播的普遍性與一致性卻連帶造成另一個問題的產生，即具有主動性傳播媒介的主持者，能左右文化的取向，使文化世界化。就文化保存者言，一個代表當地的文化、一個有歷史背景的文化、一個有特色的文化，它的自主性是否會因為他種文化的傳入而喪失其原有的風格？文化的特色是否會在這種傳播的影響下，遭受重大的壓抑？甚至當地的文化是否還有辦法在該地紮根抬頭，進而在別的地區發生作用？這些都是文化保存者的隱憂。故傳播對文化本身的獨立性與認同，可能具有反作用。因此，我們如何在傳播衝激的壓力下，維持文化的自主，維持文化的活力、自信及表達我們全體文化的特性，使文化在整個世界化的傳播功能中，也能變成一個傳播的內涵。為了使文化更主動地綿延下去，這是我們值得重視的問題。

因此，在文化受到傳播衝激的壓力下，我想提出兩點來說明我們如何在傳播過程中，提高文化的自覺：

第一、加強文化活力，發展文化的獨特性，使我們的文化能自存於他種文化之外。

第二、如果我們不能成為世界文化傳播體系的主持者，那麼，我們就應透過別的文化過程去影響傳播的內涵。諸如：加強其他文化的活動、開闢人本主義的道路、強化教育的功能，以這些方面的改進來影響別的文化，再慢慢轉換成一種傳播的內涵。亦即透過更上層的交流方式，來影響大眾化的傳播型式。

徐佳士：廣義地說，文化乃人類世界中，經由人的努力所產生發明的一切事物。由於世界上存在著一群群不同的人，所以就產生不同的文化。傳播在這種情境下與文化的關係，可分兩方面探討：

一、在同一文化下，傳播與文化的關係

這是屬於文化建設的範疇。傳播是人類生活中的基本活動，人類藉由外在事物以維持個體生理上的存在，同時又藉由內在的涵養以維持個體精神上的存在。為求生理與精神的並存，人類就需要資訊(Information)來了解環境的情況，使個體能適應環境而生存；並進而利用資訊，來有效地改變環境以適應個體。

文化或許可視為傳播的結果。換言之，一切社會化的過程均受傳播的影響。從縱的方面言，歷史就是傳播的結果；從橫的方面言，家庭、親友、社會對個人的影響也是靠傳播的結果。因此，文化與傳播兩者之間的密切關係，實無法以某種極限來定論。尤其在科技發展之後，人類的傳播方式有了很大的改變：在以往只是一種小規模的傳播型態，但科技發達的今天，業已成為大眾傳播的大規模傳播型態。同時，促使人類社會本身即成為一種有力的傳播工具，只是這種傳播工具的分配，並非我們所想像、所希望的那般均衡。

人人有權向社會講話

在大眾媒介出現前，每個人所講的話，多少會被人聽到；但，在當前大眾傳播發達的社會裡，卻必須透過大眾媒介才能有效地傳遞訊息。可是，並非每個人均得接近媒介，只有少數擁有或得以使用媒介的人，才能有效傳遞訊息；反之，其他無法接近媒介的人，則很難有效的傳遞訊息。

在大眾傳播發達的時候，大家重視的是「言論自由」，關注是否人人均有自由講話的自由；但，現在情況變了，光憑自由講話是無法有效傳遞訊息的，必須透過媒介才能有效的傳遞訊息。因此，目前所面臨的不是「自由」(freedom) 的問題，而是「權利」(right) 的問題；是人人有權向社會講話的權利，即所謂「傳播權利」(right to communication) 的問題。

二、傳播對不同文化所發生的影響

歷史學家已經證實傳播對不同文化所產生的作用是顯而易見的。不過，在新科技未發展前，文化與文化間的傳播是緩慢的，即使偶爾會有短暫快速的影響，也多是以武力為後盾。

當今我們常探討東西文化交流、中西合璧等現象，無一不是傳播所造成的結果。

十八世紀末，工業革命帶來機器的發明與運用，使新的物質產品及高速的運輸效率俱得以機器代替人力，這種革命是物質生產、運輸方式的革命。至於「傳播革命」則是資訊的生產與發展；現在，製造資訊的機器要比製造物質的機器進步得更快，例如：人類已能有效地運用電腦傳播消息至世界各地，這種傳播媒體對人類的貢獻，實遠勝於一般物質機器的發明。然而，資訊機器在各個文化間分配並不均衡，致使原本物質發展上佔優勢的國家，其資訊生產亦能快速增加，並進一步大舉發明資訊生產與傳播的工具。

由於西方國家掌握了傳播資訊的工具，因此西方國家的資訊大量地流入非西方的國家中；但，由於非西方國家所接受的訊息，多半來自電視、電影、雜誌、暢銷書等大眾媒介的資訊，幾乎都是較通俗的內容。因此，所吸收到的不是西方文化的精粹，而只是一些通俗、膚淺的訊息而已。如此一來，世界文化雖漸趨一致，但先進國家的優良文化卻仍未被較落後國家所吸收。

再者，有些人認為西方工業社會的文化傳入落後國家時，隨同也傳入一些有利於現代化的價值觀念，對於落後國家的現代化頗有助益，譬如守時、效率、計劃等等觀念。可是，也有某些弊端，譬如西方社會講求消費的觀念引進低度發展國家中，就不太適合。

第三世界要求「新的資訊秩序」

此外，隨著國際間資訊流通的頻繁，「資訊自由流通」(free flow of information)的觀念也面臨了新的挑戰。因為世界的大通訊社都掌握在工業先進國家掌中，因此資訊的流通方式，是由北方的工業先進國大量流入南方的未發展國家；反之，低發展國家的資訊流入工業先進國的很少，甚至還被加以扭曲。因此，第三世界的國家認為西方的大通訊社霸佔了資訊流通的頻道，他們透過「聯合國教科文組織」(UNESCO)的會議，要求建立「新的資訊秩序」，同時，在蘇聯的支持下，反對美國所提出衛星資訊開放計劃(open sky)，主張資訊的流通應得到當地政府的同意，雙方展開相當激烈的爭辯。直到一九七八年十一月，「聯合國教科文組織」的大會，通過了一項宣言，在不違資訊自由流通的基礎下，同時也兼顧了第三世界國家的意願，雙方緊張對峙的局勢才稍趨緩和。由該項宣言的名稱：「關於如何使大眾媒介加強和平、國際瞭解和促進人權，以及對抗種族主義、隔離主義和煽動戰爭，所能作的貢獻的基本原則之宣言。」即可窺知宣言內容之要義。

上述情形似乎反映出民族主義、國家主義的範疇愈來愈廣了。在從前，只有武力侵犯才算侵犯了主權，但是，目前非武力的經濟、文化、資訊的侵犯，亦被視為主權侵犯的一種。傳播原本應促進國際間的了解與溝通，但據上述的發展趨勢來看，卻反而使民族主義和國家主權的敏感性更加地濃厚，造成國際間更大的摩擦，這似乎相當值得吾人深思。

彭懷恩問：由於傳播具有促進國際間溝通與了解的功能，應有助於培養全球的共識，使未來世界成為一家的可能性增大；但依照徐教授方才所言，卻反而增加了很多的差異或使「有國」與「無國」之間產生對抗，關於這點不知兩位教授有何高見？

成中英：個人認為傳播過程與傳播媒介的廣泛運用，在促進國際瞭解、文化交流上有其不容置疑的貢獻，而且對發展中國家的現代化具有很大的利益；但是，有利必有弊，它也可能對現存的體制與文化主權的觀念具有挑戰性。因為傳播媒介的控制權與傳播方式的選擇性，掌握在某些文化環境內，而不是掌握在傳播體系裡，因此產生了衝突。在目前的國際社會裡，顯然地，「傳播權」是不平等的；儘管方才徐教授所提「聯合國教科文組織」所通過宣言上的原則，大家在觀念上能加以接受，但實際的情況仍舊是強國或西方國家掌握更多傳播的權力，同時也掌握解釋資訊消息的權力，這是相當值得深思的問題。

掌握傳播者要有道德責任感

此外，除了強調「傳播權」外，更應重視傳播的責任感。如果傳播資訊不能謹守道德責任，則「傳播權」反成為違害社會秩序的工具。其次，誠如徐教授所言，傳播不僅本身為文化體系之一種，更具有促進文化、發展文化、引起文化的功能，此為傳播的優點；但，真正要能提高、促進文化的品質、層次，則掌握傳播者必須具有道德責任感。必須每一位新聞從業員或傳播者都能產生新聞的道德觀，能對消息作自動的節制、了解與適當的分配，以避免一些不必要或對別人隱私的威脅，同時也避免為私利而為某些團體所利用。

過度強調地方主義和主權的傳統觀念，似乎應加以修正。因為任何的誤解、對抗，都可能帶來人類社會的危機，導致全球性的災難，受害的將不只限於某些地區，而是全球性的。因此，為了全人類的幸福、利益，也為了個人的生存，應隨著傳播的急速發展，速訂國際性協定，使大家的利益均能得到充分的保障。

由於傳播的發展，給人類社會帶來新的空間、新的領域，但也帶來許多新的困擾，尚有待大家更進一步的努力、探討。

楊志弘：由於缺欠有效的國際組織，目前國際間資訊的流通，完全偏重於西方已發展國家的利益，未能真正合乎全人類的共同利益。同時，由近年來UNESCO有關的會議情形來看，第三世界國家在意識上、感情上，業已覺察到本身文化所受的侵襲，甚至有人提出「媒介帝國主義」、「文化帝國主義」、「文化侵略」……等說法，來反對西方文化的侵入。

就西方國家流入第三世界國家的資訊內容來看，多半是屬於較粗俗的大眾文化，很少是精緻文化。或許這是由於第三世界國家教育水準較低，或是文化交流本身所必然產生的結果。但，長此下去，實很難保證對第三世界國家是真正有利；況且，就目前情形而論，業已對第三世界國家的本土文化，產生相當大的打擊。第三世界國家的本土文化，在西方強勢文化的壓力下，就猶如稚嬰般，尚未茁壯前，即有被迫夭折的可能！因此，有些學者甚至認為西方「資訊自由交流」的主張，是西方軍事侵略背後的另一種侵略方式！不知兩位教授對上述情形，有何看法？

徐佳士：我認為吾人可心存警惕，但也不用過度的恐懼。我特別要強調的是，我們不可一味地認為西方的文化都是壞的，因為文化原本是相互影響、形成的，西方文化固然帶來某些壞的影響，但也帶來一些好的影響。要特別強調的是，吾人不可過度依賴大眾媒介來接觸西方文化，而應透過其他途徑——戲劇、音樂、繪畫等，來接觸西方的文化。因此，培養「非媒介」的文化活動來取代電視等大眾媒介，是防止西方粗俗文化過度氾濫的有效辦法。同時對於大眾媒介的內容也應採取有效的措施，以提高水準；除了引進西方好的內容外，也同時培育自己的風格。我不贊成過度狹窄的民族主義觀，西方文化中固然有不少廢料，但也有不少可用的養料。同時，我們也應有更大的抱負，希望對世界文化能有所貢獻。

開放世界無法閉關自守

何況，這是一個開放的世界，任何人都無法閉關自守，因此，要想封鎖外來文化的侵襲是不可能的，中國大陸封鎖了卅年，現在也不得不開放了。如果，採取選擇的方式，到底標準又何在呢？我認為與其選擇，不如培養自己的一套東西來。如同為了抵抗細菌的侵襲，將自己關閉在密閉室內，絕非是良策。

我認為我們中國文化絕非弱勢文化，目前的不利情形，只是暫時現象。由於清末以來，屢遭外力侵略，再加上物質建設遠落於西方，致使國人自信心喪失，產生全盤西化的主張。但是，最近情況又有了改變，臺灣新生代又開始去尋找、認同、肯定本土的文化價值。只要假以時日，中國文化必能重新發揚、開展出來。

成中英：在東西文化交流的過程中，我們主動向西方傳播文化的努力不夠，往往採取一種被動為自己辯護的立場，而較少採取擴展性的態度、積極的態度，將我們的文化向海外擴展出去。個人認為我們似乎應成立一個「中國文化發展協會」，專門向海外擴展我們的文化，使外國的高級知識份子和文化團體得以吸收我們的文化精華。尤其目前西方在自我反省之餘，正開始體認到東方文化的優點，吾人宜把握時機，致力創造性的文化活動，廣為推展。

徐佳士：文化世界化的趨勢，長遠來看是很好的現象。如果世界要真正消除誤解和戰爭，唯有透過彼此交流的方式。目前的交流所以會產生一面倒的弊端，主要是由於傳播工具太昂貴的緣故，但是隨著科技的發展，此種傳播所必須的「硬體」必然會漸漸便宜，使得資源有限的窮國也能掌握到「硬體」，因此，長遠來看，這將不是很大的問題。倒是「軟體」方面較值得大家重視。第三世界國家媒介內容粗俗、淺陋，主要是由於基層建設(infrastructure)不夠踏實，缺欠文學、戲劇、音樂等基層根源，以致無法有效致力文化建設的工作。

厚植文化的基層根源

要致力於文化建設的工作，並非只是開畫展或辦音樂會而已，這些都是表層工作而已；

更重要的是厚植文化的基層根源。我們中國並非沒有文化的基層建設，只是被我們忽略、荒廢了罷。我們的文學、音樂、戲劇都曾有過很好的深厚根基，只要加以開展；再配合臺灣經濟發展的優厚物質條件，足可購買所需的「硬體」設備，如此一來，相信文化建設的開展並非太難的。

再者，真正精密的設備，西方國家往往不願輕易賣出，所以，我們也應開始投資資訊工業的發展，致力於「硬體」方面的研究。

因此，在文化交流中，居於劣勢的國家，所採取的因應之道，不應是消極的禁止、封鎖外來資訊的進口，而是積極的拿出自己的東西來！

成中英：傳播對於文化建設具有相當可觀的助長作用，因此，善用傳播來從事文化建設，是一條有效的途徑。

當今臺灣的工業發展，顯然應該走向精密工業之途；而精密工業中最重要的一環，乃是製造大量的精密傳播通訊器材，因為我們需要好的傳播媒介，才能在文化上爭取主動發言的權利。另一方面，有了優良精密的器材後，尚必須培養優秀傳播人才，充實傳播的內容，加強教育功能，使我們易於接受及欣賞高文化的傳播內涵。至於傳播媒介，也不能狹義的囿於電視、電影的範圍內，今後，我們在文化建設中，應該透過其他的傳播媒介，來助長文化建設的工作。

再者，就傳播的內容言：在劣幣驅逐良幣的情形下，高水準的傳播內容往往被低俗的傳播內容所排斥，儘管在藝術欣賞觀點上，好的內容還是取勝壞的內容，不過，這也並非無限制的取勝，所以我們不能單以大眾的心理作為傳播的唯一指標。今天電視節目傳播的內容，多半只是在迎合大眾的興趣；在這種情況下，我們更需要應用高的智慧來發展、開闢好的節目，甚至逐漸地轉風移俗地創造另一新的文化活動。

以好的傳播內涵來提高文化素質

現在，由於大專教育的普遍化，人民生活水準與智識素質的提高，高水準的節目已能被接受、被欣賞，所以為提高文化的素質，就應重視好的傳播內涵。既然要求好的傳播內涵，則傳播出來的訊息必須是落實的、具體的。然而，如何增強高文化的活動意識來作為落實的資源，作為一個源源不絕的靈感供應者，這是相當重要的問題。換言之，這就需要普遍提高我們的教育素質，普遍提高我們的學術水準，普遍強調文化的價值觀念，普遍增強各方面的文化活動。因此，如果沒有這些整體性的文化觀念，就無法充分地運用傳播媒介來達到文化建設的目標。因此，唯有從各個文化層次上，逐一發展，然後才能在實際傳播過程、傳播媒介上提供更好的內涵；亦即我們必須對整體文化有深度的了解與體認後，才能使傳播內涵有具體的改進。否則，傳播不但不能發揮其文化建設的效用，反成另一種文化的負擔，這是文化建設中必須周詳考慮的。

民六十九年三月三十日《時報雜誌》第十七期

三民叢刊書目

㉖作家與作品　謝冰瑩著
㉗冰瑩書信　謝冰瑩著
㉘冰瑩遊記　謝冰瑩著
㉙冰瑩憶往　謝冰瑩著
㉚冰瑩懷舊　謝冰瑩著
㉛與世界文壇對話　鄭樹森著
㉜捉狂下的興嘆　南方朔著
㉝猶記風吹水上鱗
・錢穆與現代中國學術　余英時著
㉞形象與言語
・西方現代藝術評論文集　李明明著
㉟紅學論集　潘重規著
㊱憂鬱與狂熱　孫瑋芒著
㊲黃昏過客　沙　究著
㊳帶詩蹺課去　徐望雲著
㊴走出銅像國　龔鵬程著
㊵伴我半世紀的那把琴　鄧昌國著
㊶深層思考與思考深層
・轉型期國際政治的觀察　劉必榮著
㊷瞬　間　周志文著
㊸兩岸迷宮遊戲　楊　渡著
㊹德國問題與歐洲秩序　彭滂沱著
㊺文學關懷　李瑞騰著
㊻未能忘情　劉紹銘著
㊼發展路上艱難多　孫　震著
㊽胡適叢論　周質平著
㊾水與水神
・中國的民俗與人文　王孝廉著
㊿由英雄的人到人的泯滅
・法國當代文學論集　金恆杰著
(51)重商主義的窘境　賴建誠著
(52)中國文化與現代變遷　余英時著
(53)橡溪雜拾　思　果著
(54)統一後的德國　郭恆鈺主編
(55)愛廬談文學　黃永武著
(56)南十字星座　呂大明著
(57)重疊的足跡　韓　秀著
(58)書鄉長短調　黃碧端著
(59)愛情・仇恨・政治
・漢姆雷特專論及其他　朱立民著

93 陳冲前傳　嚴歌苓著
94 面壁笑人類　祖　慰著
95 不老的詩心　夏鐵肩著
96 雲霧之國　合山　究著
97 北京城不是一天造成的　喜　樂著
98 兩城憶往　楊孔鑫著
99 詩情與俠骨　莊　因著
100 文化脈動　張　錯著
101 桑樹下　繆天華著
102 牛頓來訪　石家興著
103 深情回眸　鮑曉暉著
104 新詩補給站　渡　也著
105 鳳凰遊　李元洛著
106 文學人語　高大鵬著
107 養狗政治學　鄭赤琰著
108 烟　塵　姜　穆著
109 河　宴　鍾怡雯著
110 滬上春秋　章念馳著
111 愛廬談心事　黃永武著
112 吹不散的人影　高大鵬著
113 草鞋權貴　嚴歌苓著
114 是我們改變了世界　張　放著
115 夢裡有隻小小船　夏小舟著
116 狂歡與破碎　林幸謙著
117 哲學思考漫步　劉述先著
118 說涼　水　晶著
119 紅樓鐘聲　王熙元著
120 寒冬聽天方夜譚　保　真著
121 儒林新誌　周質平著
122 流水無歸程　白　樺著
123 偷窺天國　劉紹銘著
124 倒淌河　嚴歌苓著
125 尋覓畫家步履　陳其茂著
126 古典與現實之間　杜正勝著
127 釣魚臺畔過客　彭　歌著
128 古典到現代　張　健著
129 帶鞍的鹿　虹　影著
130 人文之旅　葉海煙著

⑬¹ 生肖與童年

小民 著
喜樂 圖

十二生肖在每個農曆新年來臨時，都為年節的歡樂帶來一股高潮。這些可愛的動物們，為童年的生活增添了無限的趣味。本書紀錄了作者對於十二生肖的情感，和童年難忘的美好時光。加上喜樂先生細膩的插畫，讓生肖與童年的故事，一一鮮活起來。

⑬² 京都一年

林文月 著

京都是一個新舊互容的都市，有著高樓矗立及寬敞的街道，又存有古典風味的低矮木屋與不平的石板路。作者在京都的一年中，品味著這古都對文化保存、人情往來及文藝活動的諸般樣態，藉由她的生花妙筆，使讀者沈湎於京都典雅、優閒的情調。

⑬³ 山水與古典

林文月 著

山水景致，勾起了幾許文人的多愁善感；而古典文學，又蘊含著多少古人的人生情懷。本書探討著古典作品和詩人之間的關係。筆調輕鬆而不輕浮；題材古典絕不枯燥。且邀您一同進入詩人的筆墨之間，翱遊在山水作品的世界裏。

⑬⁴ 冬天黃昏的風笛

呂大明 著

旅居法國的作者呂大明女士，以其一貫典雅柔美的風格和精致細膩的筆觸，表達出她對生活、自然的樂觀態度。她如詩般的作品，仿如一幅幅精美瑰麗的圖畫，靜靜地訴說著對美好人生理想的浪漫情愫。

⑬⑤ 心靈的花朵

戚宜君 著

本書作者一生從事文化的傳播工作，積累數十年的工作經驗及閱讀習慣，創作出一篇篇詞美意深的勵志散文。除了用以傳達理性的知識和感性的情懷外，並深切期望本書能敲開你的心扉、溫暖你的心靈，進而耕耘你的心田，綻放出美麗的心靈花朵。

⑬⑥ 親戚

韓秀 著

人間真情不分種族國界；世間的溫暖存在每一角落。在有風有雨的日子裡，亦或在恬淡如鏡的歲月中走過，是否有如詩般美麗的故事令人難以忘懷？是否忘了去感激那些曾經陪著你、關懷你的人呢？靜下思慮，就讓韓秀的慈心慧語洗滌你久未感動的心。

⑬⑦ 清詞選講

葉嘉瑩 著

清詞之盛，號稱中興，其作者之多、流派之盛，以及其對詞集之編訂整理，對詞學之探索發揚，種種方面之成就，固已為世所共見。作者以其豐富的文學涵養，旁徵博引地賞析其所鍾愛的清詞，相信定能讓讀者流連忘返於清詞的世界中。

⑬⑧ 迦陵談詞

葉嘉瑩 著

本書為以詩詞涵養享譽國內外的葉嘉瑩教授，繼《迦陵談詩》之後又一精緻力作。從詩歌欣賞入門到分析溫韋馮李四家詞風，兼論晚唐五代時期在意境方面的拓展等，作者以其細膩的詩心，帶領讀者一起感受詞中的有情天地。

⑬⑨ 神樹

鄭義 著

曾以《老井》獲東京影展最佳編劇的作家鄭義，在因八九民運遭當局通緝而流寓異國之後，他以一個村落、一棵「神樹」，具體而微地映現當代中國的重重劫難。形象化的語言，原始潑辣的書寫，在魔幻詭麗的背後，透露出對生命與死亡的真實關懷。

⑭⓪ 琦君說童年

琦君 著

每個人都有童年，不管是苦是樂，回憶起來都是甜美的。善於說故事的琦君，與您一起分享她魂牽夢縈的故鄉與童年。篇篇真摯感人，字裡行間充滿了愛心與情義，在欣賞琦君的散文之餘，更別有一番溫馨感受，是一本老少咸宜的好作品。

⑭① 域外知音

張堂錡 著

本書作者張堂錡先生歷年來針對世界各國知名漢學家進行訪談，透過感性的筆觸，生動的文字敘述，道盡了這群域外知音漢學研究生涯的甘苦，因這一路執著不渝的採拾和耕耘，呈現繽紛絢麗的色彩，並給予中國人新的研究觀點，重新檢視自己的文化。

⑭② 遠方的戰爭

鄭寶娟 著

當地理上應該是遠方的戰爭，而我們已能同步掌握其狀況時，地球村的思維方式已不是口號，而是現實。以更宏大的視野看待這世界，以更深入的態度反省既存的觀念，將曾經事不關己的遠方納入思維，於是你會發現心可以更寬廣，生活也會更豐富。

⑭③ 留著記憶・留著光

陳其茂 著

作者的刻畫世界總讓人有無盡想像的空間，又傳遞著溫馨美麗的情感。此書收錄作者生活及其於國外遊歷時所記下的作品，點點滴滴，時而讓人會心一笑，時而讓人溫情滿懷，更有異國風光、園野之美呈現在版畫及真摯的文字裏，值得細細品味。

⑭④ 滾滾遼河

紀剛 著

那是個遙遠的年代，那是個古老得近乎神話的故事。大時代的洪流中，上演的是一幕幕民族興亡、兒女情長。今日的人們也許早已淡忘，但歷史永遠不會忘記他們。就讓本書來為你溫習，屬於那個時代的中國人以血淚寫成的不朽傳說。

⑭⑤ 王禎和的小說世界

高全之 著

以〈嫁妝一牛車〉、〈人生歌王〉等小說及劇本著稱於世的王禎和，擅長描繪臺灣社會中的倫常、愛情，以及患難互助的友情，筆觸真實感人，在臺灣文學史上有很重要的地位。本書以專業的分析及討論，帶您進入這位文學巨擘的筆下世界。

⑭⑥ 永恆與現在

劉述先 著

本書為當代思想泰斗劉述先教授，繼《哲學思考漫步》之後又一結集力作。透過文字，讀者不僅可以了解作者如何通過自己的哲學理念去面對當前政治社會的現實；更有甚者，也可在作者哲學思路的引領下，重新思考，再對現實有深一層的體悟。

⑭⑦ 東方・西方

夏小舟 著

東方古老神祕而透徹，溫情而淡漠；西方快樂的吉他演奏悲情的歌。長年浪迹於日本與美國的作者，如同一葉小舟，以其豐富的情感，敏銳地觀察異國生活情趣不同面貌，進而以細膩文筆記錄下來，使讀者能藉由閱讀和其心靈有最深切的契合。

⑭⑧ 嗚咽海

程明琤 著

作者以行世的闊步、觀想的深情，帶領讀者閱歷世界——一同憑弔瑪雅文明的浩劫災難；吟咏廬山的懸松傲柏；繫情塞歌維亞的夕輝斜映；漫遊唐吉訶德的故鄉。更以人文的關懷，心靈的透悟來探思文化、體驗人生、拓昇智慧。

⑭⑨ 沙發椅的聯想

梅新 著

擔任中副總編輯多年，梅新先生經歷了文化界的春去秋來，看多了人事的起伏，由他敏銳的觀察力所發抒成的文字，也更能扣緊時代脈動。本書包含作家訪談、藝文評論、生活自述，透過這些真摯生動的文字，我們彷彿見到一幅筆觸淡雅的文化群相。

⑮⓪ 資訊爆炸的落塵

徐佳士 著

在日新月異的電動玩具之外，您是否亦曾留意到資訊時代來臨在你我生活中所產生的新情境？在傳播媒體提供的聲光娛樂之餘，您是否關心其後所產生的文化衝擊？本書深入淺出為您剖析資訊社會中大眾傳播激盪下的文化省思，值得您細心體會。

⑮¹ 沙漠裡的狼

白樺 著

像在冷冽的冬夜裡啜飲著濃烈的茶，感受一種在蒼茫大地上，心海澎湃的震顫。那麼地古老、深沈，剎時間，恍若置身廣闊的大漠，一回首，就是長城。這是金鼎獎作家又一直指人性，內容深刻的作品，請您在一個適合沈思的夜晚，漫步中國。

⑮² 風信子女郎

虹影 著

一本能深刻引起讀者共鳴的小說，其必然與人世現實生活有著緊密的關連。本書作者秉持著對人的命運的關切，遠勝於對以往藝術形式的關注，賦予了文學創作的生命。從本書作者對人物刻劃描述的過程中，可窺知作者對此一理念的堅守。

⑮³ 塵沙掠影

馬遜 著

生命的旅途中，有許多可掌握的機運，但似乎一半早已註定……。馬遜教授從故鄉到異國求學，最後來臺定居，繼而與佛結了不解之緣。滿懷豐富的情感，細膩的筆觸，深刻的寫下了旅赴歐美等地之點滴情事，而念舊懷恩之情愫亦時時浮現於文中。

⑮⁴ 飄泊的雲

莊因 著

歲月的洗禮，在人們內心深處烙印著痛苦、悲哀、快樂與美好的回憶。由於時代的變動、戰爭的摧折，作者歷盡滄桑的輾轉遷徙，使那些漂流不定、幻化多變的過往，煥發出人生的智慧。就讓我們乘著飄泊的雲，領會「知足常樂，隨遇而安」的生活哲理。

國家圖書館出版品預行編目資料

資訊爆炸的落塵：今日傳播與文化問題探討／徐佳士著. --初版. --臺北市：三民，民86

面；　公分. --(三民叢刊；150)

ISBN 957-14-2565-6（平裝）

1.大眾傳播-論文，講詞等

541.8307　　　　86002089

國際網路位址　http://sanmin.com.tw

© 資訊爆炸的落塵
——今日傳播與文化問題探討

著作人　徐佳士
發行人　劉振强
著作財產權人　三民書局股份有限公司
臺北市復興北路三八六號
發行所　三民書局股份有限公司
地　址／臺北市復興北路三八六號
電　話／五〇〇六六〇〇
郵　撥／〇〇〇九九九八——五號
印刷所　三民書局股份有限公司
門市部　復北店／臺北市復興北路三八六號
重南店／臺北市重慶南路一段六十一號
初　版　中華民國八十六年四月
編　號　S 85356
基本定價　叁元陸角
行政院新聞局登記證局版臺業字第〇二〇〇號

ISBN 957-14-2565-6（平裝）